추천사

세 분의 목사님들과는 그 만남 자체가 하나님의 은혜 그 자체였다. 먼저는 홀로 걷던 길에서 마음씨 좋은 길동무들을 한꺼번에 만난 기쁨이었고, 다음은 주님께서 교회 밖 사역의 중요성을 일깨워주는 은혜였다. 어디서부터 나온 그릇된 명칭인 지는 몰라도 목회자가 교회사역 외에 또 다른 직업들을 갖는 것에 대하여 "이중직"이라 하여 비판하는 이들도 있다. 하지만 우리같은 사람을 "자비량 사역자"라고 해야 할 것이다. 특히, 세 분의 목사님들은 교회 밖 학교현장에서 다양한 종교와 이념을 가진 다음세대들과 선교적인 접근으로 사역을 하신다. MZ세대를 이은 소위 알파세대까지! 다음세대 사역의 또 다른 형태의 시스템을 구축하고 있는 것이기에 진심어린 지지와 기도가 필요한 분들이다. 이 책은 그런 의미에서 대안적인 다음세대 목회와 선교방향을 알려줄 것이다.

-한국인간과학연구소 평생교육개발원 원장, 곽동현-

다음세대가 선교지라는 말이있다. 문화도 다르고 언어도 낯설어 타문화선교사처럼 습득해야하기 때문이다. 그러나 이 책은 청소년 선교사가 되는 비법을 알려주고 있다. 우리에게 생소한 공교육현장에서 진로코칭을 강의하는 열정적인 사역자들의 삶과 부르심을 통해서 말이다. 교회 밖 청소년을 복음안에서 어떻게 사랑해야하는지 진솔하게 풀어가고있다. 세상에서 하나님이 일하시는 유니크한 방식을 배울수있기에 모든 크리스천에게 일독을 권하고싶다.

-풀타임 크리스천 저자, 김상수 목사-

사실 저야말로 개그우먼으로서 방송일이 없어서 생활고에 시달려 알바라도 할 겸 어쩌다 강사가 됐는데, 벌써 9년째 초,중,고등학교 진로특강 강사로 다니며 이제야 아이들이 좋아지기 시작했고, 친구들 만나러 갈 때 마다 설레입니다.

노창희, 홍상원, 홍순혁 강사님의 이야기를 보니 공감도 많이되고, 앞으로도 아이들을 살리기 위해 이렇게 멋찐 동역자님들이 계신다는게 넘 큰힘이고, 노하우까지 배웠습니다.

어쩌다 강사가 된건 절대 우연이 아니었네요. 우린 태초에 하나님께 '선정'된 다음세대 강사였네요. 어쩌다 강사 책을 통해 많은 다음세대 리더쉽들이 위로받고, 도전받길 바랍니다.

-미녀 개그우먼, 김선정-

솔직담백하게 "어쩌다" "강사"가 된 좌충우돌 인생이야기를 담았다.

사실 누구도 처음부터 나의 길을 바로 알 수 없고, 내일(미래) 일을 알 수 없는 인생이다. 그 인생 길 속에서 어떻게 자신의 길을 찾게 되었는지를 간증?처럼 듣게 되다보면, "아.. 나도 저렇게 나의 길을 찾을 수 있겠구나" 길라잡이가 되리라 믿는다! 세 분의 다양한 인생의 선택, "어쩌다" 여기까지 오게 되었는지를 보다보면, 도전 뿐만 아니라 인생은 "어쩌다"의 연속이구나 느끼게 된다! 나의 길도 마찬가지였다. 나도 지금의 삶을 살지 몰랐다. 정말 "어쩌다" 보니 스쿨처치사역, 노숙인사역, 고려인 만남, 온라인 청년부까지 하게 되었다. 그 "어쩌다"는 대충의 의미가 아니라, 앞을 알 수 없는 인생 길 속에서 하나님의 인도하심에 나를 맡기며 살아가는 "어쩌다"가 아닐까? 오늘 이 책을 통해서 지금의 나의 삶을 돌아 보게 되었다. 세 분 목사님의 사역과 책을 응원하며 완전 강추한다.

-12년째 스쿨처치 세우기, 거리시간 상관없이 불러주면 가는 사람,

스탠드그라운드 대표, 나도움 목사

세 분의 목사님들께서 자신을 '어쩌다 강사'로 표현하고 있지만 누구보다 더욱 열심으로 하나님을 전하고 있는 사역 이야기는 저에게 큰 도전과 반성을 불러옵니다. '어쩌다 강사'라는 짧은 글로 목사님들의 열정적인 사역을 다 담을 수는 없겠지만, 사역의 열정을 느낄 수 있는 시간 이었습니다. 그 어느 선교보다 어렵다는 학원선교를 위해 과감히 강사로 호랑이굴로 찾아가신 세 분을 응원하며 더욱 많은 강사님이 세워지고, 동역하며 다음세대 가운데 복음의 부흥이 다시금 일어나길 소망합니다.

-제주중앙고등학교 교목, 이순규 목사-

'어쩌다 강사' 제목이 신선하여 읽기 시작했습니다. 이 책은 세 목사님의 외도(?)이야기를 다루고 있습니다. 세 목사님은 다음세대 청소년 사역을 위해 전임 사역자로서 길을 떠나 강사로서 새로운 길을 선택했습니다. 현장에서 느낀 목사이자 강사로서 갈등과 고뇌 그리고 사역자로서 치열한 삶의 흔적이 책 속에 고스란히 담겨 있어 몰입하며 책을 읽었습니다. 세 목사님의 서로 다른 이야기를 읽었는데 신기하게 한 사람의 이야기가 떠올랐습니다. 인간과 소통하기 위해 하늘 보좌 버리시고 이 땅에 오신 한 사람 이야기, 죄인을 구원하기 위해 죄인과 친구가 되었던 한 사람 이야기, 세 목사님은 '어쩌다 강사'가 되었는지 모르겠다고 합니다. 그러나 책을 덮었을 때 저는 알게 되었습니다. '어쩌면 강사'가 되어 진정한 청소년 목회를 하게 되었다는 사실을.

-서산 꿈의 학교(기독대안학교), 교장 이인희-

어쩌다 강사... 다음세대 때문에, 어쩌다 공교육 강사를 하는 목사들의 이야기에 추천사를 의뢰받고 책이 세상에 나오기전에 먼저 볼수 있는 기회가 주어져서 후배 청소년 사역자들의 이야기구나 생각하며 편하게 읽기 시작했는데 처음 이야기부터 마지막 이야기까지 읽어가며 저도 모르게 감정이입이 되기 시작해서 마지막 결론은 진짜 우린 참 많이 비슷한 마음으로 청소년 사역을 시작하게 된것 이구나를 알아가게 되었습니다. 정말 어쩌다 강사 ... 다음세대 때문에 사역의 현장에서 30년을 넘게 살아왔고 지금도 살아가는 저도 느꼈지만 그 당시에는 깨닫지 못했던 마음 마음들을 다시한번 느껴보며 지금도 항상 청소년들에게 바른 복음을 전하려 기도하며 애쓰는 많은분들에게 이 책이 소개되어, 같은 마음으로 서로 도전하고 위로하는 시간이 될수 있기를 바라며, 어쩌다 추천사를 쓰게되었지만 청소년을 사랑하는 많은 분들에게 행복하게 강추해 봅니다.

- 징검다리 선교회, 유튜브 번개탄 tv 대표, 임우현 목사-

지금 학교 현장에는 타종교와 이단들이 진로 및 인성교육, 고교학점제 등 외부 강사로 적극 활동하고 있는 현실이다. 공교육 현장은 세계관의 전쟁이 일어나고 있는 치열한 전투 현장이라고 표현해도 과언이 아닐 것이다. 이러한 때에 기독교 세계관으로 무장된 세 분의 목사님들이 과감히 공교육 현장으로 들어가 올바른 진로 및 인성교육 등을 통해 다양한 학생들을 만나는 생생한 현장 사역이야기가 담겨있다. 이 책을 읽는 사역자들이 도전 받고 교육 영역을 통해 역사하시는 하나님의 스토리를 경험하며 그 현장을 꿈꾸게 될 것이다.

-학원복음화 인큐베이팅, 최새롬 목사

어쩌다 강사

어쩌다
강사

다음세대 때문에,
어쩌다 공교육 강사를 하는 목사들의 이야기

노창희 | 홍상원 | 홍순혁 지음

드림북

목 차

| 홍상원 목사 |

| 홍순혁 목사 |

노창희 목사 ──────────────────────

現) 온누리교회 세종교육관 청소년사역자

現) 유스드림코칭연구소 대표

前) 한국어린이전도협회 전주지회 청소년담당자

1. "하나님, 청소년들을 위해 살고 싶습니다"

나는 18세 청소년 시기에 중고등부 수련회를 통해 예수님을 인격적으로 만나게 되었다.

예수님을 인격적으로 만난 뒤 드렸던 기도는 이런 내용이었다. "하나님, 청소년들을 위해 살고 싶습니다", "꿈과 비전이 없이 방황하는 청소년들이 예수님을 만날 수 있도록 돕는 일을 하며 살고 싶습니다".

일반 경영학과에 진학하려고 했던 나는 고등학교를 졸업하고 대학교를 입학해야 하는 해에 가정의 경제적 생활이 어려워져 대학을 가지 못하게 되었다. 대학교에 너무나도 가고 싶었기에 대학교에 못가고 지냈던 1년의 시간이 인생에서 어쩌면 제일 힘든 시간이었던 것 같다.

"하나님, 저 등록금 벌어서 내년에는 대학교 갈 수 있도록 도와주세요" 하나님께 기도하였다. 그리고 공장에서 한주는 낮에, 한 주는 저녁, 공장에 출근하여 번갈아가며 일을하여 돈을 벌었다. 힘든 것이 무엇인지 몰랐다. 대학교에 가고 싶었고 대학교에 가기위해 열심히 일을 하였다.

그렇게 힘든 시간을 버틸 수 있었던 것은 하나님을 믿는 믿음이 있었기 때문이다. 그렇게 힘들게 일을 하면서도 새벽예배 드리는 것을 포기하지 않았고 그때마다 하나님께 기도했다.
"하나님, 청소년들을 위해 살고 싶습니다"

일하는 시간 외에는 기도하는 시간으로, 찬양하는 시간으로, 말씀을 읽는 시간으로 보냈다. 왜냐하면 하나님을 믿게 된 뒤로 꿈이 생겼고 비전이 생겼기 때문이다. 대학교를 못가게 되기 전까지는 경영학과에 입학하여 공인회계사가 되는 것이 나의 꿈이었다.

그런데 하나님께 기도하며 하나님과 동행하는 시간을 보내는 가운데 나의 꿈과 비전은 자연스럽게 신학을 전공하여 목회자가 되는 것으로 점점 마음이 움직였다.

2. 청소년사역에 대한 고민과 군대 안에서의 풀타임 청소년사역

　신학과 학부시절을 보내며 시작한 중고등부 사역은 주말에만 청소년들을 만나서 예배를 드리고 작은 활동들을 할 수 있는 정도였다. 청소년사역을 하고 싶어 신학교에 간 나에게는 평일에는 청소년들을 만날 수 없는 것에 대한 고민이 있었다. "어떻게 하면 청소년들을 평일에 만날 수 있을까?" 고민을 하였지만, 답을 찾기 어려웠다. 왜냐하면 청소년 학생들은 평일에 다들 학교에 가 있고 학원에 가 있기 때문이다. 가장 바쁜 때가 바로 청소년 학생 시기였기 때문이다.

　그렇게 고민 속에 학부 3,4학년이 되고 신대원에 입학을 하면서 공부와 과제, 시험으로 평일에 바쁜 시간을 보내다보니 자연스레 주중에 청소년들을 만나는 것에 대한 부분도 잊혀졌다.
　그렇게 대학원 시절을 보내고 난 뒤, 나이는 서른 한 살이 되었고 20대 초반에 대학을 늦게 입학하였기에 군 생활을 미쳐 마치지 못해 서른 한 살에 나이에 군 입대를 할 나이가 되었다. 입영통지서

를 기다리며 하나님께 기도했다. 왜냐하면 한번 하는 군 생활을 최
전방에 가서, 강원도에 가서 해봐야 된다고 생각해서였다. 그런 이
유로, 군종병 으로는 지원하지 않기로 하였다. 평생 목회자로 살아
갈텐데 군대까지 가서 또 교회 일을 해야 된다는 것이 아니라고 생
각해서였다.

집으로 날라온 입영통지서에는 논산훈련소가 아닌, 춘천에 있는
102보충대로 배정이 되었고 입대를 하게 되었다. 첫날 춘천에서
자면서 강원도로 오게 된 것을 후회하게 되었다. 8월 말인데도, 너
무나도 밤에는 추웠기 때문이다. 그때 같은 날 입대한 병사들 사이
에서 소문이 들리기를, 신의 아들 한명만이 경기도 가평에 있는 부
대로 발령이 난다는 것이었다.

그 소문을 듣고 하나님께 기도했다. "하나님, 제가 신의 아들 맞
습니까? 저를 경기도 가평으로 보내주세요!" 3박4일을 102보충대
에서 지내고 드디어 자대를 배치 받았는데, 경기도가 아닌, 강원도
산골짜기 양구라는 곳에 21사단 백두산 부대로 자대배치를 받게
되었고 21사단 백두산부대 훈련소로 이동을 하게 되었다.

훈련소에 도착하여 앉아서 대기를 하고 있는데, 조교가 갑자기
큰소리로 말했다. "1번 훈련병 노창희 앞으로!" 갑작스러운 1번 훈
련병 소리에 앞으로 뛰어 나갔다. 나는 1번 훈련병이 되었고 모든
훈련의 시작이 되었다. 대부분의 병사 들은 스무 살, 스물 한 살이

었다. 그렇게 나의 청소년 사역 같은 군 생활이 시작이 되었다.

　5주간의 훈련기간을 마치고 자대로 배치를 받았는데, 21사단 직할대인 전차중대로 배치를 받게 되었다. 부대에 도착하니, 부대원 전원이 강당에 모여 새로 온 병사들의 소개를 듣고 환영해 주는 시간이었다. 그런데 지휘관이 나를 소개 하는데, 우리 부대의 목회자라고 소개하는 것이었다. 그리고 뒤이어 배치 받은 부대장님의 개인면담 시간이었다. 부대장님께서 말하기를, 이 부대에는 매일성경 큐티 모임이 일주일에 한번 있다는 것이었다. 그래서 그 모임에 참석하여 함께하고 지휘관이 다른 부대로 발령을 가게 되면 큐티 모임을 인도하라는 명령을 내려주셨다.

　훈련소에서는 같이 입대한 병사들이 "형님, 형님"이라고 불러주었는데, 자대배치를 받으니, 동기들이, "창희야"라고 불렀고 선임들은 "노창희"라고 불렀다. 그때 하나님께 기도했다. "하나님, 제가 군 생활을 스무 살, 스물한 살 청소년들과 잘 지내며 하게 해주신다면, 저를 청소년 사역을 하라는 사인으로 알겠습니다"
　위에 선임이 스물한 살, 스물두 살인데, 딱 봤을 때는 너무 어리게 보이는 것이었다. 그래서 하나님께 기도하고 스스로에게 최면을 걸었다. "저 선임들은 나보다 훌륭하고 배울 게 많은 사람이다."

　그렇게 군대 안에서의 풀타임 청소년 사역이 시작되었다.

3. 힐링캠프로 2개월간의 분대장파견을 가게되다.

　서른 한 살에 군대를 입대한 나에게는 어쩌면 청소년들을 이해하고 알아가기 가장 좋은 장소가 군대 였을 수 있다. 이제 갓 고등학교를 졸업하고 군대에 입대한 스무 살, 스물 한 살 군인들은 말그대로 아이들(?)이었다.

　내 주변 어른들의 대화, 어른들이 사용하는 단어는 쓰지 않았고 아이들의 대화, 아이들의 단어였다. 같은 생활관에서 함께 먹고 자는 동기들이 느끼는 감정이나 대화를 알아듣기가 쉽지 않았다.

　그렇다고 해서 함께 생활하는 동기들과 안 만나거나 헤어져 지낼 수 있는 것이 아니었다. 왜냐하면 군대는 하나의 부대 안에서 서로 잘 훈련을 받아야 하며, 일과시간동안의 일하는 것, 그리고 대화가 오고가는 것, 일과후의 모든 일을 다 내 마음에 안 맞다고 차단할 수 있는 것도 아니었기 때문이다.

그렇기 때문에 수용하고 받아들여, 함께 생활을 해야 하는 것이었다. 그러나 이것이 쉽지 않았다. 내 눈에 어린아이들처럼 보이는 동기와 선임들을 바라보며 이들을 이해하는 것 자체가 쉽지 않았기에 나 스스로에게 최면을 걸어야 될 정도가 되었다. "제가 복무하고 있는 부대 "선임들은 저보다 아는 것이 많고 잘하는 것도 많고 배울 것도 많습니다"

시간이 흐르면서 점차 군 생활에 적응하게 되었고 군대 동기와 선임들을 대할 때 스스로에게 최면을 걸지 않아도 될 정도로 이해하고 수용하게 되었다. 아니, 이해와 수용을 넘어서서 의도적으로 그렇게 바라보고 생각하려는 시각에서, 바라보고 생각하려는 시도를 하지 않아도 그렇게 바라봐지고 생각하게 되었다.

그렇게 적응을 해나가는 부대 안에서의 생활 속에 2개월간, 분대장 파견근무 나가는 것을 행정담당하시는 간부님께서 제안해주셨다. 파견 가게되는 부대는 '힐링 캠프'였다. 이곳에 파견을 가서 하게 될 일은, 군 생활에 지쳐서 적응을 잘 못하여 힘들어하고 있는 병사들이 힐링 캠프에 입소하게 될 것이고 그 병사들이 잘 쉴 수 있도록 돕고 회복프로그램들이 진행될 때 진행역할을 하는 것이라고 하였다.

부대에 있는 것과 힐링 캠프 파견가는 것을 고민하다가 전역하고 하게 될 사역과 더 깊은 연관성을 갖게 되는 건 힐링 캠프에 가서 배우고 경험하는 것이라고 판단이 되어 힐링 캠프로 파견 복무하는 것을 신청하게 되었고 준비하여 2개월간의 파견을 가게 되었다.

4. 힐링캠프에서의 풀타임 청소년사역

 힐링캠프 파견근무를 지원 했다고해서 곧바로 파견을 갈 수 있는 것이 아니었다. 힐링 캠프 대장님과의 면접이 있기 전에 지원서류를 작성해야 하고 이후 면접이 이루어졌다.

 지원서류 작성란에 자격증을 적는 칸이 있어서 그곳에 교회전도사를 시작하기 전 취득했던 레크리에이션 자격증과 웃음치료사 자격증을 취득했다고 적어서 제출을 하였다.

 이후 면접을 보았고 힐링 캠프 대장님께서 좋게 보셔서 파견 오는 것을 합격할 수 있게 되었다. 2개월간의 파견을 사단본부로부터 허가를 받고 곧바로 힐링 캠프로 파견을 갈 수 있게 되었다.

 약 1년 여간의 부대에서의 군 생활을 하고 파견을 오게 되니 감회가 남달랐다. 물론 똑같이 군복을 입고 아침 점오를 똑같이 하고 체력단련 등 동일하게 군생활의 일과가 이루어졌지만 일과내용이 달랐다.

부대에서는 보통 연장공구들을 들고 기계를 만지러 가거나, 컴퓨터작업을 해왔다면 힐링 캠프는 힐링을 하러온 병사들이 입소를 잘 할수 있도록 입소절차를 처리한다거나, 생활안내 등 지도업무를 한다.

평균적으로 3인1개조가 입소를 하게 되는데 1명은 부적응병사이고 2명은 도우미병사다. 부적응병사가 잘 지내도록 도와주러 온병사까지 3인1개조로 입소하는데, 보통 10개조 정도가 2~3주 마다 로테이션으로 입소를 한다.

보통 2주 프로그램으로 힐링 캠프가 운영이 되는데 어느 날은 부대인근지역에 있는 박물관 또는 미술관 등을 방문 하거나, 내부에서 인성교육 또는 감정 코칭과 상담 등 교육프로그램이 운영된다. 이때 힐링 캠프 분대장들은 인솔하는 역할을 하게 된다.

각 부대에서 파견 온 병사들을 분대장이라고 부르는데 대략, 10명 정도 되는 분대장들은 프로그램이 원활히 운영되도록 프로그램 사전준비, 진행관리를 하게 되고 가장 중요한 업무는 각 부대에서 입소한 부적응병사들의 태도나 말, 행동을 유심히 관찰하여 수첩에 기록한 뒤, 관찰기록대장에 기록을 하고 보고하는 업무를 한다.

부적응 병사가 힐링 캠프에서도 부적응의 문제가 회복되지 않고 부대에서의 문제가 지속될 경우, 사단 또는 군단에서 심사를 하여 부적응병사가 불명예제대를 해야된다고 판단하여 심사가 내려오게 하기까지의 자료를 제출해야 되기 때문에 기록을 하는 것이다.

그렇게 24시간 부적응병사들을 관찰하고 관리를 하는 일이 각 부대에서 파견을 온 분대장들이 하는 일과업무다.

2개월 이라는 시간은 생각보다 빠르게 지나가고 있었고, 이제 갓 청년이 된 청소년 병사들을 2개월간 100여명 정도를 만나 깊숙이 소통하며 관찰하고 관리하는 일을 해왔다.

시간이 흘러 2개월이 다 끝났을 때쯤 부대로 다시 돌아가서 일반 군 생활을 하는 것보다 힐링 캠프에 남아서 이제 갓 청년이 된 청소년 병사들을 만나며 청소년들에 대한 이해를 많이 갖는 것이 좋겠다는 생각이 들었다. 그리고 군대를 제대한 뒤 교회사역을 할 때 힐링 캠프에서의 경험이 아주 좋은 경험이 될 것이라고 생각하게 되었다.

2개월이 마쳐지기 전, 파견근무 연장이 가능한지 여부를 대장님과 면담하게 되었고 소속되어있는 부대의 허락이 필요하여 소속 부대 행정 담당 간부님과 면담하였다. 그리고 소속 부대에서 파견근무 연장이 가능하다는 허락을 받고 계속 힐링캠프에 남아 연장 파견근무를 할 수 있게 되었다.

5. 군인들을 치료하는 청소년사역

힐링 캠프는 각 군부대에서 적응하지 못하는 부적응병사들이 입소했을 때 그들이 편하게 지내며 힐링을 하도록 도와야하는 아주 특수한 부대이며, 부적응하는 병사들이 사건사고를 일으키지 않고 잘 지내도록 도와야한다는 특수한 사명을 지닌 채 활동해야 하는 부대다.

보통 2주 동안 힐링 캠프 프로그램이 진행된다. 때로는, 치료와 관련된 영화를 시청한다. 부적응병사들이 영화를 잘 시청하도록 기자재를 셋팅하고 영화를 끝까지 잘 시청하도록 돕는 것이 힐링 캠프 분대장의 역할 중 하나이다.

나는 이러한 프로그램이 진행되도록 분대장들을 총괄하는 역할을 맡게 되었고 모든 분대장들은 나를 중심으로 힐링 캠프 프로그램들을 진행해야 했다. 앞으로 남는 군 생활을 제대까지 힐링 캠프에서 하게 되었기에 임무수행을 위해 2개월간 단기파견을 온 분대장들이 일과시간을 잘보내고 입소한 병사들을 잘 관리하도록 이끄는 역할을 해야 했다.

선임분대장이었던 나는 모든 일에 먼저 솔선수범해야했고 나서서 먼저 이끌어 가야했다. 그러다보니, 분대장들은 그 모습을 보며 잘 따라와줬던 것 같다. 분대장들과 더불어 입소한 부적응병사와 도우미병사들도 불만 없이 잘 따라와 주었다.

이러한 과정을 통해 청소년들에 대하여 많은 것을 배우고 느끼게 되었다. 다양한 생각을 하는 청소년들이고 다양한 말을 하는 청소년들임을 알게 되었다. 각 부대에서 인성과 성품을 인정받아 분대장으로 파견온 10여명의 분대장들과 일을 하면서 청소년들에 대한 이해를 더 많이 갖게 되었다.

그렇게 약 10개월간의 시간을 힐링 캠프에서 보내면서 레크리에이션 진행도 하고, 웃음치료사의 역할도 하고 박물관, 미술관, 도서관 등 다양한 곳으로 프로그램 인솔하는 일들을 하며 다양한 경험을 할 수 있었다. 이 경험들이 땅에 썩어져 버린 것이 아니라, 곧바로 사역의 현장에 적용이 되었다.

당시에는 주어졌고 맡겨졌기 때문에 따르는 것에서, 시간이 지나고 나니 나에게 주어졌고 맡겨졌던 일이 청소년사역을 해나가는 데 밑거름이 되기 위해 시도되고 진행되었음을 이 후 청소년사역을 하며 발견하고 느끼게 되었다.

6. 오산리 기도원 40일 기도, 그후 시작된 선교단체에서 청소년사역

군대를 제대하게 되면 꼭 시작하고 싶었던 것이 40일 기도였다. 예수님께서 공생애를 시작하시기전 40일간 기도하셨듯이 제대 후 40일간의 기도시간을 갖고 다음스텝의 사역을 준비하고 싶었다.

40일 기도를 어떻게 하면 좋을까 생각하고 알아보다가, 말년휴가를 나가게 될 때쯤 파주 오산리 기도원에서 하와이에 본부를 두고 있는 국제단체인 YWAM (Youth With a Mission, 한국명칭: 예수전도단)에서 40일 24시간 기도회를 주최한다는 소식을 시애틀형제교회 담임이신 권준 목사님의 SNS 페이지를 통해 알게 되었다.

그래서 말년휴가를 파주 오산리 기도원으로 가게 되었고 40일 24시간 기도회에 첫날 참석하게 되었다. 이날은 YWAM 창립자이신 로렌 커닝햄 목사님께서 말씀을 전해주셨다. 선교에 대한 메시지와 통일한국에 대한 비전의 메시지를 전해주셨다. 말년휴가를 마치고 난 뒤 부대로 다시 복귀하였고 10개월간의 힐링 캠프 파견

복무를 마치고 드디어 21개월간의 군 생활을 마치고 건강히 병장 만기제대를 하였다.

제대하자마자, 집으로 가지 않고 파주 오산리 기도원으로 향하였다. 왜냐하면 다음 스텝의 사역을 준비하기 위해서는 기도가 많이 필요했기 때문이다. 40일간 앞으로의 사역을 준비하는 가운데 하나님께서 통일한국을 이끌 수 있을 만한 청소년들을 세우는 사역에 대한 비전을 주셨다. 그리고 통일이 되었을 때, 청소년들을 훈련시켜 북한으로 아웃리치를 가서 복음을 전하는 것에 대해 말씀해 주셨다.

그 시점에 국제단체인 CEF (Child Evangelism Fellowship, 한국명칭: 어린이전도협회)라는 단체인 한국어린이전도협회 전주지회에서 청소년 담당 사역자로 함께 사역하는 것을 기도해 보자는 지회 대표님의 제안이 있었다.

40일의 기간이 가까이 왔을 때쯤, 하나님께 기도하는 가운데, 어린이전도협회에서 청소년 사역 담당으로 사역하는 가운데 다음세대 어린이와 청소년들에게 복음을 전하며 믿는 청소년들을 훈련시켜 통일한국이 이루어졌을 때 북한으로 들어가 담대히 복음을 증거하여 제자화 하는 것에 대한 비전을 주셨다.

40일 기도를 마친 뒤 군대 가기 전 아내와 함께 살던 전주로 내려가 한국 어린이 전도협회 청소년 사역 담당으로 사역을 시작하게 되었다. 내가 청소년 담당으로 사역을 시작할 때는 이미 청소년들을 훈련하는 사역을 배우기 위해 사역자와 교사들을 위한 강습회가 2학기째 운영이 되고 있었다.

이후 함께 교회에 홍보하고 사역자와 교사들을 모집하여 행동하는 청소년 JYC (Junior Youth Challenge) 제자훈련을 이끌 수 있는 소그룹지도자들을 양성하기 위한 강습회를 진행하게 되었다.

사역하는 단체가 어린이전도협회이기 때문에 어린이 사역을 주 사역으로 감당하며 청소년 사역을 함께 겸해서 사역해야 하는 상황이었다. 그렇게 약 4년이라는 기간 동안 어린이 사역과 청소년 사역을 겸하여 사역했다. 유치원어린이집 새 소식반 예배, 어린이 여름, 겨울캠프, 봄, 가을학기 새 소식반, 그리고 메인 사역은 JYC 청소년 제자훈련 사역까지 다양한 사역을 하였다.

JYC 청소년 제자훈련사역은 해가 바뀔 때마다 놀라운 성장을 만나게 되었다. 매년 제자훈련을 받는 학생들의 숫자가 늘어나고 운영하는 제자 훈련 클럽 수들이 늘어났기 때문이다. 제자 제자훈련 클럽수를 20개를 목표로 잡았었는데, 2019년 말에 20개의 클럽이 달성되었고 그 안에서 JYC 제자훈련을 받는 청소년들의 숫자는 약 100에서 150여 명이 훈련을 받았고 교사들은 30명 정도가 강습회에 참석해 리더로 훈련을 받고 있었다. 그 이후 목표를 개인적으로 는 50개의 클럽이 세워지는 것을 목표로 잡았다.

2020년 새 학기가 시작될 무렵. 코로나바이러스가 급속도로 확 산되고 모든 사역이 중단되는 사태를 맞닥뜨리게 되었다. 그 후, 코로나 끝나기를 기다리면서 청소년 사역에 대한 질문들을 가졌 다. 어린이 사역과 청소년 사역을 겸하며 사역을 감당하는 가운데, 고민과 질문이 있었다. 그것은 바로 청소년 사역만 할 수는 없을 까? 에 대한 질문이었다. 그러려면 어린이전도협회에는 있을 수 없 었다. 왜냐하면 단체의 주사역이 어린이 사역이고 청소년 사역을 함께 겸하여 사역해야 했기 때문이다.

7. 더 늦기 전, 청소년사역

'청소년사역만 하고 싶다' 라는 마음이 나에게 계속 메시지로 다가왔다. 그러나 코로나 바이러스 확산으로 중단된 청소년사역, JYC 청소년제자훈련 사역은 잠시 쉴 수 밖에 없었다. 교사강습회도 교회에 방문하여 진행하였던 소그룹제자훈련 사역도 전혀 손을 델 수 없는 상황이었다.

2020년을 거의 다 지나가기까지 코로나바이러스 확산은 끝날 기미가 보이지 않고 계속 확산되어져 갔다. 어떻게 할 수 있는 방법이 전혀 없었기에 마냥 기다리는 방법 외에 없었다. 그렇게 1년의 시간이 흘렀고 2021년이 되었다.

1년이라는 시간을 보내면서 코로나바이러스는 여전히 확산되고 있었지만, 청소년사역을 위해 교회들과의 접촉은 계속 시도하였다. 코로나바이러스가 발생하기 이전에 매주 방문하여 학생들과 청년들을 양육했던 교회와는 ZOOM미팅으로 매주 함께 모여 예배를 드렸다.

그러나 코로나 바이러스가 발생하기 이전에 청소년들을 만날 수 있도록 오픈해준 7~8개 교회 대부분은 주일학교를 중단하였다. 이 현상을 보며, 수많은 생각들이 내 머릿속을 지나가기 되었다. "다시 교회학교가 문을 열 수 있을까?"에 대한 의문도 들기 시작하였다.

2020년 한해가 지나면 끝날 것 같았던 코로나바이러스 확산은 2021년에도 계속되었다. 마치 코로나 바이러스의 확산은 끝나지 않고 계속될 것만 같았다. 이렇게 마냥 기다리다가는 청소년들을 만나서 함께할 수 있는 젊은 시절이 끝나버릴 것만 같았다.

기도와 고민 끝에 용기를 내어 속해있는 선교단체 대표님과 면담을 하였다. 면담의 내용은 더 나이가 들기전에 학교현장으로 찾아가 청소년들을 만나고 싶다는 마음들을 전달하였다. 처음에는 일주일 중 하루를 학교현장에 가서 학생들을 만날 수 있도록 빼주시겠다고 하였다. 그런데 나는 일주일 중 하루만이 아니라 매일 학생들을 학교현장에서 만나고 싶다고 마음을 전달했다. 그 뒤로 대표님의 배려로 전도협회를 급하게 휴직하고 2021년 3월부터 개인사무실을 임대하여 매일 출근하며 지내게 되었다.

매일 아침시간에 출근하는게 몸에 베어 있었기 때문에 누가 나에게 출근하라고 하거나, 지켜보는 사람이 없는데도 몸이 자연스럽게 아침에 사무실로 내 발길을 이끌었다. 그곳에서 근무하며 학교강의를 하시는 강사님들을 만나게 되었고 학교강의현장에 대해 이해하게 되었고 함께 학교현장에도 강의를 하러 가게 되었다.

그해 3월 이후 전도사로 사역하고 있는 지역에 있는 청소년상담센터에서 학교강의를 요청하여 생애 처음으로 강의를 하게 되었다. 그것도 여자중학교에서, 총 3교시동안 1교시에 한 학년씩 전체 학년을 특강을 하게 된 것이다.

학교특강현장은 처음이었기 때문에 인사하면 반응이 어떨지? 강의할 때 반응이 어떨지? 예상이 전혀 되지 않았다. 그렇게 강당 위로 올라가 마이크를 들고 떨리는 마음으로 1학년 학생들 전체를 만나게 되었다.

"안녕하세요. 여러분 만나서 반갑습니다. 저는 오늘 여러분에게 특강을 하러 온 노창희 강사입니다" 인사를 하자, 학생들은 박수를 치고 함성을 지르기 시작했다. 그렇게 시작된 강의가 인생 첫 학교강의였다.

그런데, 강의가 끝나고 마무리 멘트를 한 뒤에 엔딩노래를 틀어줬는데, 학생들이 춤을 추는게 아닌가?

나의 인생 첫 강의, 강사의 시작은 이렇게 시작이 되었다. "아! 내가 인사하면 아이들이 이렇게 좋아하고 행복해 하는구나!"

　강의가 끝나고 춤을 추는 것을 보면서, "청소년들에게 바른 인생의 방향을 설정하여 살아가도록 도와주는 진로특강 강의를 꼭 해야겠다"라고 다짐하게 되는 인생 첫 강의시간이었다.

8. 청소년들을 만나러 다니는 사람(코치)이 된다.

나는 '강사'라기 보다는 '청소년들을 만나러 다니는 사람' 또는 '청소년들이 진로를 찾도록 도와주는 사람'이 맞는지도 모른다. 정말 청소년들을 만나러 다니다 보니, '어쩌다 강사'가 되었다.

그동안 했던 강의들의 주제들은 '진로특강', '메타버스', '4차 산업혁명', '미디어중독예방', '예비중학생캠프', '소통놀이캠프', '생명존중캠프', '또래중진캠프', '취업캠프', '자살예방캠프', '스피치 특강 및 캠프', '학교폭력예방교육', '금연금주예방교육', '성폭력예방교육', '미술심리치료' 등등 이었다.

강의주제들은 다양하지만 핵심은 딱 한 가지 '진로'이다. 진로란? '생애발달 주기에 따른 인생과업을 수행하는 것'이다. 각 사람마다, 그리고 각 연령마다 생애발달주기가 있고 그 주기에 맞는 인생과업을 수행하는 것이 진로다. 그러므로 각 개인이 인생과업을 잘 수행할 수 있도록, 스스로 방향설정을 잘하도록 도와주는 것이 '진로'

를 주제로 한 특강이다.

특강을 듣는 학생들이 '진로'의 개념을 이해했다면, 그 다음으로는 'coaching'이라는 단어의 뜻에 대해 질문을 하며 설명을 한다. 'coaching'은 '성장'을 뜻한다. 개개인의 강점이 무엇인지 찾도록 도와주고 그 강점으로 '성장'할 수 있도록 조력자 역할을 하는 것이 바로 'coach'의 역할이다.

'coach'의 어원은 헝가리의 도시 코치(Kocs)에서 개발된 말 네 마리가 끄는 마차에서 유래한다. 전 유럽으로 퍼진 이 마차는 코치(Kocsi)라는 명칭으로 불렸으며, 영국에서는 코치(coach)라고 부르게 되었다.

이것과 반대 겸인 트레인(Train), 기차가 있다. 기차는 다수가 함께 탑승해서 목적지를 향해 가기 때문에 출발하기로 한 정확한 시간에 출발을 한다. 'Train'이라는 단어에 'ing'를 붙이면 'Training', '훈련'이 된다.

'coach', 즉 마차는 다수가 탑승하는 것이 아니라, 일대일 또는 소수이다. 그렇기 때문에 'Training', 훈련과는 차별성을 가지게 된다.

학교교육은 엄밀히 말해 'Training'에 속한다. 그렇기 때문에 개인의 강점을 찾아주고 개인이 성장하도록 도와주는 것보다 학교전체 또는 학급전체가 성장하도록 해주는 것이다.

그러나 'coaching'은 전체가 아닌, 소그룹 또는 개인이 강점을 찾도록 도와주고 개인이 성장하도록 도와주는 맞춤형 고객서비스다.

공교육현장인 초,중,고등학교에 가서 특강을 할 경우, 대부분은 'Training'에 속한다. 그렇기 때문에 오늘 특강은 한계가 있음을 명시해 주고 오늘 안에 해낼 수 있는 Goal, 목표를 설정해 준 뒤에 특강을 진행한다.

특강은 학급전체가 성장할 수 있도록 도와주는 것이지만, 개인이 성장하기 위해서는 스스로를 'coaching'하는 것이 필요하기 때문에, 주어진 차시 내에 개인 스스로 성장할 수 있도록 어느정도 특강을 통해 성장의 동력을 일으키는 작업을 한다.

스스로 Training과 Coaching의 개념을 이해했을 때, 즉 집단의 성장개념과 개인의 성장개념까지를 이해해야 학급전체의 목표달성 및 개인의 목표달성까지 이루고자 하는 노력을 해낼 수 있기 때문이다.

이러한 큰 기본개념을 토대로 위에 제시된 각 주제별 특강이 진행이 된다. 이것은 내가 갖고 있는 청소년들에 대한 마음들, 그리고 공교육현장에 대한 안타까움에 대한 절실함과 기독교 세계관을 토대로 전파하고자 하는 마음들이 하나로 뭉쳐서 전달되는 것이다.

9. 학생들이 스스로 진로를 찾도록 도와주는 진로코치

공교육현장에 들어가 진로특강으로 학생들을 만나게 될 때, 시간이 여유가 되면 '진로'에 대해 자세히 다룬다. 학생들과 인사를 하고 강사소개를 한 뒤, "진로의 뜻을 아는 학생 있나요?" 질문을 하면, 학생들 중에 두꺼비가 떠오른다고 하는 학생이 있었다. 잠시 "왜 진로하면 두꺼비가 떠오를까?" 스스로 질문해보았는데, 전혀 연관성을 못 찾았다. 그래서 학생에게 물어보니, 진로라는 소주에 두꺼비가 그려져있다고 이야기를 해주었다. 가끔 지나가다가 진로소주를 보는데, 그 학생 덕택에 이 전에 보이지 않던 두꺼비가 보이기 시작한다.

대부분의 학생들은 진로가 무엇인지 아냐는 질문에 대해, '직업', '꿈꾸는 것', '돈을 벌기 위한 것', '나의 행동을 위한 것' 등등 떠오른 것을 이야기한다.

그렇다. '진로'하면 누구나 떠오르는 것이 있을 것이다. 왜냐하면 나를 낳아주고 길러주신 부모님은 자녀가 '진로'를 찾기를 원하기 때문이다. 마찬가지로 학교 선생님은 가르치는 학생들이 '진로'를 찾기를 원한다. 자녀들 그리고 학생들이 진로를 찾아야만 하는 이유는 매우 간단하다. 미래에 갖고 싶은 직업에 대한 꿈이 생긴다면, 그것을 이루기 위해 공부를 열심히 또는 잘 할 것이라는 기대감 때문이다.

학생들의 부모님, 또는 선생님은 자녀들 그리고 학생들이 공부를 잘하기를 원한다. 몇몇 부모님 중에는 "제 아들(딸)은 공부를 열심히만 하면 좋겠어요." 라고 하지만 그 속에 담겨있는 열심히란 성적이 잘나오는 것이고 바꿔 말하면 공부를 잘 하는 것이다. 그렇기 때문에 '진로'하면 떠오르는 것은 어쩌면 '공부'와 연결되어 있는 것이 대부분일 것이다.

그러나 나는 학교에 가서 학생들에게 '진로'의 사전적 의미를 설명해 준다. 그것은 바로 "진로란, 생애발달 주기에 따른 인생과업을 수행하는 것"이다. 그 안에는 공부도 포함되어 있다. 진로 안에는 또래관계도 포함되어 있다. 내 기질과 성격을 찾는 것, 나와 어울리는 직업 등 포괄적인 주제가 바로 '진로'다.

'진로'의 개념이 서게 되었을 때에야 비로소 그날 가서 학생들과 다루어 질 핵심주제가 올바로 이해되고 설명이 되어 진다. 4차 산업혁명? 나의 꿈 찾기? 또래 관계 증진 캠프? 고교학점제? 학습 코칭? 예비 중학생 캠프? 메타버스 캠프? 금주,금연 예방교육? 등등 주제로 특강이 진행될 때 학생들은 왜 배워야하지? 질문할 수 있지만, '진로'개념이 이해가 되어지면 왜 배워야하는지도 이해가 될 수밖에 없다.

왜냐하면 '진로'라는 범주아래 이 모든 주제의 특강들이 학생들 자신에게 반드시 필요하기 때문이다. 다양한 주제들을 잘 듣고 배워서 나의 인생의 방향을 설정하고 찾아갈 때 올바르게 찾아가도록 그날 만나는 특강의 주제가 도움이 되어지는 것이다.

뿐만 아니라, 학교에서는 학업도 중요하지만 친구관계 또는 미래진로, 감정의 영역들을 아는 것도 너무나도 중요하다고 여기기 때문에 이를 학생들이 잘 이해하고 습득해 놓는다면 반드시 학교생활도 잘할 뿐만 아니라 자신의 미래를 준비하는 데도 큰 밑거름이 될 것이다.

10. 국영수보다 중요한 것

아는 지인 분께서 최근에 이야기하시기를. "국영수보다 중요한 것이 자신의 진로를 찾는 것으로 생각한다. 진로에 관련된 수업이 많았으면 좋겠다"라고 하셨다. 우리 주변에서는 현실적으로 국어, 영어, 수학을 학생들이 잘 공부하도록 해야 한다고들 말한다. 왜냐하면 우리나라 교육은 입시 위주의 교육이기 때문이라고들 한다.

그런데 한 번쯤 교사 또는 학부모들이 생각해 봐야 하는 것은 "과연 입시를 잘 준비한다고 꼭 성공한 인생을 사는 것일까?", "과연 국어, 영어, 수학을 잘하는 학생이 꼭 성공한 인생을 사는 것일까?"라는 이 질문에 대해, 다들 '모른다'라고 답변을 할 것이다. 또는 '아니다'라고 답변을 하는 경우도 있을 것이다.

그러나 아이러니하게도 답변과는 다르게 우리나라 사회를 사는 청소년들은 여전히 입시 위주의 교육을 받고 있고 그러한 환경에 지배받는 인생을 살아가고 있다. 이것은 마치 답을 모르는 인생이, 답을 모르는 사회에서, 답이 없는 세상을 향해 가고 있는 것과 같다.

그렇다면 왜 이렇게 다들 답이 없는 세상을 향해 그렇게 달려가고 있는 것일까? 이유는 단 한 가지다. '인생의 정답을 모르기 때문이다' 인생의 정답을 모르다 보니 다들 대세를 따르는 것이다. 사회 분위기에 맞춰서 살아가고 있다.

그렇다. 진짜 그렇다. '인생에는 정답이 없다.' 그렇기 때문에 정답은 아니지만 대세와 분위기를 따르는 것이다. 그러나 '인생은 정답이 있다.' 그것이 바로 '진로'다. 다시 말해, 내 인생의 방향인 '진로를 찾는 것'이다. 정답이 없다고 말하는 세상에서 정답은 존재한다고 말하는 삶을 살아가는 것이다. 강사가 되는 것은, 강사가 뭔가 나하고 잘 맞아서 강사가 될 수도 있지만 그것은 반 절짜리 이다. 왜냐하면 강사로 활동할 수 있는 강의 분야는 굉장히 다양하기 때문이다. 중,고등학교 청소년 강의만 해도 주제가 다양하다. 청소년 강의가 아닌, 성인 강의, 노인 강의, 장애인 강의, 다문화 강의 등이 있고 그 안에서 매우 많은 세분화된 강의들이 존재한다. 청소년 강의만 해도 크게는 상담 관련, 진로 관련, 폭력 관련, 약물 관련, 신체 관련, 컴퓨터 관련, 입시 관련, 면접 자소서 관련 등등 다양하다. 여기서 더 세분화한다면 더 다양해진다.

진로를 찾기 위해, 또는 직업을 찾기 위해 강의 현장에 뛰어들어 강사가 되고 싶다면, 강사가 되고 싶다는 것과 함께 생각하고 정리해야 하는 것은 어떤 주제의 강의 분야를 강의하는 강사가 될 것인가를 정해야 한다. 강사는 돈을 벌기 위해 강의 현장에 뛰어 들어서는 안된다. 강사는 자신을 만나는 청중들에게 전달하고자 하는 주제와 메시지를 제대로 전달하고 올바른 삶을 살아가도록 하기위해 준비하도록 돕는 메신저로서의 역할을 수행하기 위해 존재해야만 하는 것이다.

이것이 바로 '진로'다. 그리고 진로 강사가 갖춰야 할 마음의 자세다. 정답이 없는 것 같으나 반드시 정답은 존재한다. 정답이 없다고 말하는 세상 속에서 '진로를 찾는 것'이라는 정답을 제시해 주고 그 정답을 찾는 훈련을 하도록 이끌어 주는 것, 미래의 세상은 어떻게 흘러가고 어떤 모습으로 우리 곁에 다가올지를 정확히 알 수 없지만 과거를 돌아보고 현재를 재조명한 뒤 미래를 내다보는 눈을 키우는 것이야말로 진정한 '진로'를 찾아가는 삶의 모습일 것이다.

내 자녀가 공부를 열심히 했으면 한다면, 내 제자가 공부를 열심히 했으면 한다면, 그들이 '진로'를 찾도록 도와주고 인생의 '꿈'을 찾도록 도와주자. 발견한 '꿈'을 준비하는 과정 안에 '열정'을 쏟을 수 있는 발판을 마련해주자. 이것이 바로 부모와 교사가 해야 할 역할이다. 발판을 마련해 주는 것. '진로 강사'가 해야 할 일은 평생 따라다니며 챙겨주는 것이 아니라, 우리가 살아가는 삶의 인생에는 발판이 있음을 알려 주는 것이요, 반드시 우리의 삶에는 '길'이 존재함을 알려주고 '길'을 찾아 '길'의 목적지를 향해 살아갈 수 있음을 깨닫도록 해주는 역할을 수행하는 것이다.

11. 사례를 만드는 방법

공교육 현장에 찾아가서 청소년들에게 특강을 하는 강사는 청소년들의 전반적인 삶을 책임져 줄 수가 없다. 장기적으로 함께하는 형태가 아닌, 단기적으로 수업 시간 동안만 함께 하게 된다. 그렇기 때문에 매우 한정적일 수 있다. 어쩌면 특강을 진행한 강사 스스로 큰 고민에 빠지게 될 수 있다. "과연 내가 가르친 이 특강 내용을 학생들이 받아들이고 삶 속에서 적용하여 실천하며 살아갈 수 있는가?"에 대한 질문을 하게 될 수 있다.

이러한 고민과 어려움에 빠지지 않기 위해서 강사에게 필요한 것은 사례다. 특강 내용을 받아들여 변화된 사례가 반드시 있어야 한다.

사례를 만드는 방법에는 크게 두 가지 방법이 있다. 첫 번째 방법은, 일대일 또는 소그룹 집단 수업을 중장기적으로 운영하여 꾸준한 사례관리를 해나가는 것을 말한다. 중장기적으로 일대일 또는 집단을 운영할 시에 그 시간을 꾸준히 학생들이 참여하고 일주일 또는 두 주일 동안 적용해 본 것을 토대로 서로 토론이 이루어진다는 가정 아래 사례는 이미 생겨나고 있는 것임을 알 수 있다.

만약 강사 자신의 전문 분야가 있다면 그 분야의 콘텐츠로 학생들을 교육해 보고 코칭과 상담을 통해 지속적인 시간을 갖게 된다면 사례는 반드시 생겨날 수밖에 없다.

두 번째 방법은, 공교육 현장에 가서 특강을 하고 난 뒤, 학생들에게 즉석에서 피드백을 듣는다거나, 설문조사, 담당 선생님으로부터 피드백을 듣는 것이다. 특별히 담당 선생님께서 특강이 끝난 이후에도 학생들의 피드백이 좋다고 여기고 작은 변화들이 생겨났을 경우 또다시 같은 주제로 강사를 초청할 것이다.

강사는 적어도 한 해 안에 모든 것을 다 쏟아부어서는 안된다. 왜냐하면 교육은 단기적이지 않고 장기적인 속성이 있기 때문이다. 물론 학교 현장으로 가서 하게 되는 특강은 단기적으로 이루어지지만, 특강이 끝난 이후 학생들은 장기적으로 학교라는 현장에 머무르기 때문이다. 그렇기 때문에 강사는 장기적인 안목을 가지고 공교육 현장으로의 접근해야만 한다.

작년 겨울에 맛있는 붕어빵과 어묵을 사 먹은 추억이 있는 사람이라면 올해 겨울에도 맛있는 붕어빵과 어묵을 사 먹을 것이라는 기대를 하게 된다. 붕어빵과 어묵이 시즌? 특정 계절에 문을 열 듯이 청소년 강사의 강의도 시즌과 특정 계절에 학교에서 요청을 많이 하게 된다.

이때를 위해 청소년 강사는 미리 준비가 되어있어야만 한다. 그래야만 강의 주제와 함께 요청이 들어올 시 즉각적으로 강의 주제에 맞게 강의를 준비하여 학교로 교육하러 갈 수 있기 때문이다.

그래서 그런지 특강은 시즌과 계절을 타기 때문에, 강한 임팩트와 인사이트를 제공해 줘야 한다. 그래서 강사에게 중요한 것은 시즌과 계절이 오기 전에 반드시 자신이 충분한 역량을 발휘하기 위한 역량 강화훈련을 해야만 하는 것이다.

이러한 여러 준비와 과정들과 역량들을 갖춘 뒤에 군인이 전쟁터에 나가듯이 완전히 무장한 채로 청소년들을 만나러 강의 현장으로 나가는 것이다.

12. 돈이 아닌, 꿈과 사명을 선택

청소년들에게 진로 강의를 할 때 전하는 메시지 가운데 돈 벌려고 직업을 선택하지 말고 꿈과 사명과 목표를 정하여 직업을 선택하라고 이야기한다.

청소년들을 매일 만나고 싶은데 만날 수 있는 장소는 학교 현장이라고 생각되어 공교육 현장에 특강 강사로 가고 있다. 그리고 만나는 청소년들에게 기독교 세계관적 관점에서 진로 특강을 하고자 학교 현장에서 강의하고 있다.

청소년들을 매일 만나고 싶고 올바른 진로를 찾도록 도와주고 싶어 학교 현장으로 문을 두드리게 된 것이다. 그렇기 때문에 재정에 대한, 강사료에 대한 부분은 이차적 문제로 여겨졌다.

청소년들을 만날 수 있도록 학교가 허락을 해주고 강사로 초빙을 해준다면 강사료 액수와 상관없이 학교에 찾아가서 청소년들을 만나는 것이다. 감사하게도 매달 생활비로 필요한 재정만큼 강사료를 받지 못한다면 어쩌면 강의 현장에서 물러나야 할 수도 있었다. 그러나 일정만 된다면 청소년들을 만나고 있어서 그런지 재정의 부족함은 큰 어려움이 없었다.

돈을 많이 벌기 위해 청소년 진로 교육 현장을 선택했다면 오래가지 못했을 것이다. 학교는 교육청에서 예산편성을 해준 범위 내에서 모든 교육사업을 진행해야 하기 때문이다. 그렇기 때문에 학교는 추가예산을 줄 수 없는 형편에 있다.

최근에 진로 강의를 하는 중에 돈을 벌기 위해 청소년들을 만나는 게 아니라 청소년들을 만나고 싶고 올바른 진로를 찾도록 도와주는 일을 하기 위해 살고 있다는 생각이 내 안에 들어오면서, 문득 스쳐 지나간 생각은, "나는 왜 돈을 많이 벌기 위해 특강 강사를 하는 것이 아닌가?", "전문 강사라면 더 많은 금액을 받고 질 좋은 강의를 해야 하는 것이 아닌가?"라는 생각을 하게 되었다.

돈이 아닌, 꿈과 사명을 선택하게 된 계기는 여러 번 있었지만, 실제적인 경험은 호주 시드니에서 한인교회 사역을 하며 유학 생활을 할 때였다. 한인교회는 한국교회와 다르게 형편이 넉넉지 않았기에 사례비를 충분히 줄 수 없어 목회자가 아르바이트로 일을 하면서 사역해야 했다. 아니, 어쩌면 나도 아내도 학교에 다니며 공부하고 있었기에 다른 유학생들처럼 아르바이트해야 하는 것이

정석이었는지도 모른다.

호주는 당시 한국 사람들에게 돈을 많이 벌 수 있는 나라로 인식이 되어 있었다. 실제로 한국에서의 시급보다 호주는 2~3배 정도되는 시급을 받을 수 있었다. 나도 호주에 살면서 돈을 많이 벌기위해 노력했다. 또 돈이 충분히 있어야 여유롭게 여행도 하고 맛있는 음식 등 다양한 시드니의 문화를 경험할 수 있었기 때문이다.

돈을 많이 벌고자 꿈꾸며 당시 했던 일들은 유학생들, 워킹홀리데이 청년들이 하는 레스토랑 서빙, 건물관리, 청소 등 이었다. 당시에 이 일들을 하면서 시간 대비 한국에서보다 2배 정도의 주급또는 월급을 받았던 것 같다.

그런데 돈을 많이 벌고자 열심히 일을 했지만, 돈은 항상 필요한만큼만 벌게 된 것 같다. 주님이 가르쳐주신 주기도문의 기도처럼일용할 양식(마태복음 6장 11절)을 벌게 되었다. 더 벌고 싶고 더 많이일했지만, 하나님은 일용할 양식, 필요한 재정을 공급해 주셨다.

어쩌면 그때부터 재정의 공급하심이 하나님께 있음을 믿었기에더 일을 한다고 더 주시거나 덜 일 한다고 덜 주시는 분이 아니라,일용할 양식을 자녀들에게 주시듯, 필요한 것들을 공급해 주시는것을 경험한 뒤로 돈을 많이 벌기 위해 일하기보다는 하나님께서 나에게 주신 비전과 꿈, 사명을 감당하기 위해 열심히 학교로 찾아가 청소년들을 만나고 그들이 올바른 인생의 방향성을 찾도록 돕는 강사로 사역하고 있게 되는 것 같다.

13. 앵콜강의

강사를 시작하기 전 전국을 돌아다니시며 강의하시는 몇몇 알려진 강사님들을 만났다. 청소년들에게 강의하는 강사가 되고 싶어 강사가 되기 위한 방법, 그리고 지금 이 자리에 오기까지 얻은 팁 등을 배우고 싶어 찾아갔다.

그중 한 강사님께서 3년만 강의 현장에서 강사가 강의하면서 죽만 안 쑤면 3년 후부터는 매일 강의하게 될 거라고 하셨다.

또 한 강사님께서는 기업으로 들어가서 강의하는 법정의무교육 강사가 되는 것을 추천해 주셨다. 초보 강사 때부터 강사료가 높고 전문 강사가 되고 나면 강사료가 높을 거라고 하셨다. 그런데 내가 만나고 싶고 하고 싶은 강의는 기업에 들어가 법정의무교육을 하는 것이 아니라, 청소년 교육 현장인 학교로 들어가 청소년들에게 강의하는 것이었다.

그로부터 거의 정확히 1년 뒤, 청소년 교육 현장인 초,중,고등학교 강의에 발을 내디딜 수 있는 계기를 갖게 되었다. 그렇게 나는 현재 강의 현장에서 4년째 시간을 보내고 있다.

강의는 다행히 지금까지 죽 쑤지는 않았고 매 학기, 그리고 매년 노창희라는 강사를 기억해 주고 앵콜 강의로 학교 강의를 할 수 있도록 강사 요청 문의가 계속 들어오고 있다.

당장 일정이 안돼서 다음 달로 강의 일정을 미룰 수 있는지 문의하면 학교는 강의 일정을 미뤄서라도 강의를 학생들에게 듣게 하기 위해 승인 절차를 거쳐 강의 일정을 확정하고 있다.

또 수업을 이미 받아본 학교의 선생님께서 다른 학교 선생님에게 소개해 주셔서 연락이 오기도 한다. 전주에서 만났던 강사님의 멘토링을 받고 정확히 일치하진 않지만 거의 근접한 상황까지 오게 되었다.

이제는 파트너 강사님을 미리 섭외하여 강의를 팀으로 들어가거나 각자 다른 반으로 들어가는 상황까지 만들어졌다. 한편으로는 프리랜서 강사는 강의나 수입이 일정하지 않기 때문에 불안정할 수 있지만, 다른 한편으로는 강의나 수입이 일정하지 않아서 더 안정적일 수도 있다.

안정적이지 않은 상황이 어쩌면 하나님을 더 가까이하고 의지할 수 있는 통로가 되어, 하나님께서 주시는 안정감으로 살아가게 된다고 믿는다.

내가 여호와를 항상 내 앞에 모심이여

그가 내 우편에 계시므로 내가 요동치 아니하리로다

시편 16편 8절

14. 올해는 전국, 내년은 전 세계로

초,중,고등학교 특강 강사로 활동하게 된 지 만 3년이 지났다. 지난 세월이 즐겁고 빠르게 지나갔다.

첫해인 2021년에는 전주와 완주, 군산과 익산, 멀게는 지리산이 있는 구례까지 강의하러 갔다. 강의를 시작할 초기 당시에는 전주에서 코치협회 임원 활동을 통해 알게 된 코치님들이 학교 수업을 연결해 주서서 수업을 가게 되었다.

첫해에는 1년을 전라남북도에서 강의했는데, 그다음 해인 2022년도에는 충청도권 강의를 일정이 될 때만 청소년들을 만나기 위해 올라가서 강의해야겠다는 계획을 세웠다.

그렇게 계획을 세우고 나자, 2022년도에는 정말 첫해보다 많은 강의를 하게 되었다. 대전, 세종, 천안, 청주, 공주 등 전주에서 1시간~1시간 30분 내외적도 되는 거리를 강의하러 다녔다.

가장 큰 부분은 청소년들을 만나는 것이었다. 교회에서 가르치는 청소년들이, 그리고 이시대 청소년들이 학교 현장에서 어떻게 학교생활을 하고 있는지? 학교생활 속에서는 어떤 어려움들이 있는지 알고 싶고 도와주고 싶어서 학교 현장에 들어가게 되었다.

그렇게 전라권과 충천권까지 누비며 청소년들을 만나 특강을 진행했고 2023년이 되자. 하나님께 기도하는 가운데, 올해는 전국이다. 라는 마음을 주셨다. "작년은 전국이었고, 올해는 전 세계다." 앞으로 전세계를 다니며 청소년들을 만나러 가는 것이 내가 하나님께 기도하며 세운 계획이다.

잠언 16장 9절
'사람이 자기의 길을 계획할지라도 그 걸음을 인도하시는 이는 하나님 이시니라'

2023년 초에 하나님께서 전국으로 청소년들을 만나는 것에 대한 마음을 주신 뒤 얼마 안되어 제주도에 있는 미션스쿨 고등학교에 가서 청소년들을 만날 수 있게 되었다. 넌 크리스천 학생들을 만나 반마다 반 채플 수업에 들어가서 하나님의 말씀을 나눌 기회가 찾아오게 되었다.

올해는 그동안 가지 않았던 지역인 부산과 수도권, 여수 등으로 청소년들을 만나러 가서 특강을 하였다. 이처럼 하나님께서는

2023년에는 전국에 있는 청소년들을 만날 기회들을 허락해 주셨다.

이제 2024년이 기대된다. 전 세계의 청소년들을 교육으로 만나게 될 해이기 때문이다. 하나님께서 마음과 비전을 주셨으니, 하나님께서 그 일들을 이루실 것이라고 믿는다. 그렇기에 전국에 있는 청소년들을 만나 강사로 찾아가 진로와 관련된 특강을 하기 위해 열심히 달려가고자 오늘도 다짐해본다.

15. Way Maker, 길을 만드시는 주

2023년도에는 전국에 있는 청소년들을 만나겠다는 목표를 세운 뒤 기회가 될 때마다 전국을 다니기 위해 노력했다. 수도권과 전라권, 충청권을 다녔고 먼 지역으로는 제주도와 부산, 목포, 여수를 다녀왔다.

사람이 계획을 하지만 그 걸음을 주님이 인도하시기 때문에, 하나님이 주신 마음에 따라서 계획을 세운다. 그리고 그 계획을 하나님께 맡긴다. 놀랍게도 하나님은 그 걸음을 인도하시기 때문에 그 뜻조차도 주님께 맡긴다.

전국에 있는 학교에 가서 청소년들에게 특강을 한다고 반드시 더 많은 청소년들을 만나는 것은 아니다. 충청권, 전라권에서만 강의를 해도 수 많은 청소년들을 만날 수 있다. 그러나 전국을 목표로 세운 것은 갈 수 있는 강의지역에 대한 한계를 스스로 넘어서기 위해서 가는 것이다.

왜냐하면 2024년부터는 전 세계에 사는 청소년들을 만나 진로를 찾을 수 있도록 교육하고 싶어서이다. 지역과 지역의 거리상 한계, 나라와 나라의 거리상 한계를 일단 뛰어넘어야 그다음 해야 할 일들이 진행 가능하다고 여겨지기 때문이다.

2023년은 계획으로만 전국이라는 계획을 세웠지만, 그다음 계획을 세우지 않았음에도 불구하고 제주도에 있는 미션스쿨이 연결되어 한 달에 한 번 반채플 수업으로 학생들을 만날 수 있었다. 전혀 예상하지 않았던 것이었다. 2024년도도 전혀 예상하지 않은 계획이 현실로 다가오리라 생각되어 지금부터 기도하며 계획한 미션들을 하나하나 수행하고자 한다.

어쩌다 강사가 되어 청소년들에게 진로 특강을 하는 것처럼, 어쩌다 2023년에는 제주도에 가서 특강을 할 수 있었다. 전국을 다니며 청소년들에게 진로 특강을 하고 있듯이 2024년도에는 어쩌다가 전 세계에 가서 특강을 하고 있지 않겠는가 기도하며 미래의 계획을 세워본다.

이처럼 하나님 앞에 기도하며 계획을 세운다면, 그 걸음은 하나님께서 인도하시고 나머지 길들도 하나님께서 인도하실 것이다.

하나님의 뜻을 신뢰하며 한 걸음 한 걸음 나아가다 보면 반드시 길들이 열리고 계획을 이루시는 하나님께서 인도하시리라 믿으며 나아간다.

16. 절대로 실수하지 않으시는 하나님

최근에 어느 고등학교로 수능을 마친 학생들 대상으로 통합 중독 예방 교육 특강을 하러 가게 되었다. 그런데 강의장에 도착하자, 어느 선생님이 나에게 인사를 하셨다. 인사를 해주신 한 선생님은 교육전도사 때 사역했던 교회의 장로님이셨다. 목사가 된 것을 모르시는 것 같았다. "전도사님, 저 전주 XXX 교회 아무개 장로입니다" 그 당시에는 집사님이셨는데, 내가 교회를 다른 곳으로 옮기고 나서 장로임직을 받으신 것 같다.

공교육을 하는 학교에 특강을 하러 갈 때는 목사라는 것을 밝히지는 않는다. 왜냐하면 학교 현장은 특정 종교를 언급할 수 없을뿐더러, 기독교 관련 특강을 하러 간 것이 아닌, 진로에 관련된 특강 강사로 학교를 간 것이었기 때문이다. 그런데, 많은 선생님이 문 앞에 서 계시는 가운데, 반갑게 저에게 인사를 해주셨고 특강을 주최하는 담당 선생님도 저의 신분이 목사라는 것을 알게 되었다.

특강이 다 끝나고 나서 알게 된 사실은 이 학교 교장선생님이 굉장히 신실한 분이시고 미션스쿨이 아님에도 불구하고 학교 선생님들을 되도록 크리스천 선생님들을 뽑는다는 사실을 특강 담당 선생님을 통해 알게 되었다. 그리고 특강 담당 선생님도 크리스천이셨고 신실하게 교회를 섬기시는 집사님이셨다.

3년 동안 강의하며 오늘같이 내가 목사 또는 전도사인 것을 알아보고 반갑게 맞이해 준 일은 처음 있는 일이었다.

강의가 끝나고 돌아오는 길에 특별한 기대감(?)이 생겼다. 기독학교들, 그리고 크리스천 선생님들이 계신 학교에 많이 가게 될 것 같은 마음이 나에게 생겼다.

전 세계 청소년들을 만나는 것에 대해 계획하고 목표로 삼으며, 국내에서는 미션스쿨인 크리스천 중,고등학교로 가서 목사로서, 그리고 크리스천 강사로서 청소년들에게 비전을 심어주고 싶은 마음의 계획하고 목표를 세워본다.

이렇게 계획하고 목표로 세울 수 있는 것은 감사하게도 지금까지 기도하며 계획하고 목표로 세웠던 일들이 하나하나 그대로 이루어졌기에 그다음 스텝을 위해 또 기도하며 계획하고 목표로 세워가고 있다.

왜냐하면 "사람이 계획할지라도 그 걸음을 인도하시는 분은 하나님"이시기 때문이다. 내가 계획하고 목표로 세운 일에 대하여 반드시 하나님의 인도하심이 있을 거라 믿기 때문이다.

계획하라. 그리고 목표를 세우라. 그리하면 하나님께서 그 계획과 목표를 하나님의 뜻 가운데 인도하실 것이다. 어쩌다 강사가 된 것에는 반드시 이유가 있을 것이다. 하나님은 절대로 실수하지 않으시며, 하나님의 뜻대로 계획을 이루시는 분이시기 때문이다.

계획을 하되, 하나님께서 이루실 것을 반드시 믿어야만 한다. 계획을 세우고 그 계획대로 이루기 위해 내 노력과 힘만 사용된다면 그것을 하나님께서 이루시기에는 시간이 오래 걸린다. 그러나 내가 세운 계획을 하나님께 맡겨드리고 그분의 뜻대로 이끄실 것을 신뢰하고 기다린다면, 하나님은 반드시 하나님의 때에 이루실 것이 확실하다!

목표를 세우라. 하나님은 우리가 목표를 세우기를 원하신다. 때로는 목표가 없어도 하나님은 이끄시지만 그러나 대부분 크리스천의 일반적인 삶은 목표를 세우되 그 목표를 하나님께 온전히 맡겨드리는 인생을 사는 것이 일반적인 크리스천의 삶인 것이다.

마가복음 9장 23절에서 예수님은 이런 말씀을 하셨다. "할 수 있거든이 무슨 말이냐 믿는 자에게는 능히 하지 못할 일이 없느니라"

그렇다. 믿는 자에게는 능히 되어 지지 않는 일은 없다. 비록 나에게 한계가 있다고 할지라도 하나님은 그 한계마저도 바꾸시고 변화시키시는 분이시기 때문이다.

홍상원 목사 ────────────────────────────

現) 서산 꿈의 학교(기독교 대안학교) 신앙교육부 목사

現) 교육회사 '드림앤드림' 대표

前) CTS라디오 조이 '고민상담소' 진행

1. 어쩌다 강사가 된 이유

때는 2020년 7년 동안 했던 전임 사역을 끝내고, 새로운 도전을 하기 위해 파트 사역을 하기로 결심하였다. 새로운 도전이란, 개척교회나 대안학교에서 필요로 하는 교재 만들기였다. 총회 교육국에서 9년 동안 계절 공과와 하나 바이블을 집필했었기에, 그 비결을 가지고 작은 교회나 대안학교의 교재 만드는 걸 도우면 좋겠다고 생각했다.

주변 사람들에게 물어보았다.

"저는, 앞으로 새로운 도전을 하려고 합니다. 개척교회나 대안학교에 필요한 교재를 만들려고요."

"아 그래요? 그럼, 돈은 어떻게 하나요? 전임에서 파트 사역으로 바뀌면 월급이 반 이상이 줄어들 테고, 교재 만드는 거로는 당장 먹고살기가 어려울 것 같은데 생활비는 어떻게 하시게요?"

"하나님이 채워주실 걸 믿고 움직이려고요. 그리고 정 어려우면 다른 일을 해 보던가, 아직 젊으니 전임 사역을 다시 하면 되지 않을까요?"

사실 전임 사역을 내려 놓는다는건, 말은 쉽지만 실제로는 정말 어려운 일이었다. 나로서는 두 가지의 걸림이 있었다. 첫 번째로 경력이다.

한국교회 대부분은 오랫동안 한 곳에서 전임 사역을 했던 사람을 인정하는 경향이 있다. 어려운 목회 현장에서 오랫동안 그 자리를 지킨 충성된 일꾼이라는 인식 때문이다. 그래서, 부교역자로 청빙을 할 때든, 담임 목회자로 청빙을 할 때든 여러모로 유리하다. 파트사역자는 오래 있어도 경력으로 잘 쳐주지 않는다. 왜 그런지, 나도 전임 사역을 해 봐서 잘 알고 있다.

예를 들어 장례식 인도, 교인들의 어려운 가정 환경과 사정, 그 성도를 위해 기도하고 마음을 쓰는 일, 교회가 한 해 동안 어떻게 움직이는지, 담임목사님의 지도력을 옆에서 보며 배우는 부분, 교회당 안에서 섬기는 성도들의 모습들 등 똑같은 기간을 했어도, 전임 사역을 하지 않으면 모르는 부분들이 분명히 있기 때문이다.

(물론 케이스마다 다를 수 있겠지만, 주말만 사역하는 파트 사역자들에게 한정했을 때는 그렇다고 본다) 전임 사역을 하다가 파트 사역으로 바꾼다는 것 그리고 오랫동안 (5년 이상) 한 교회에 머물지 않는다는 건 담임목사 청빙으로 가는 경력을 포기하겠다는 뜻과 같았다.

두 번째로, 돈이 걸림이었다. 전임 사역자에서 파트 사역자가 되면, 사례비가 반 이상이 준다. 당연한 이야기이다. 1주일에 6일 동안 일하는 것과 1주일에 2~3일 일하는 사례비가 같으면 이상하지 않을까?

나 같은 경우에는, 아내가 육아로 인해 일을 하지 않고 있었기 때문에 사역자로서 받는 사례비가 우리 가정의 유일한 공급원이었다. 전임 사역을 하다 파트 사역으로 바꾼다는 건 이 금액을 포기하고, 다른 생계 수단을 찾아봐야 한다는 뜻이다.

이런 걸림돌이 있었음에도 전임 사역을 내려놓은 이유가 있었다. 좀 더 나이가 들기 전에 한 교회를 섬기는 전임사역자에서, 여러 교회를 섬기는 사역에 도전해 보고 싶었다. 그리고 태어난 지 얼마 안 된 아기도 함께 키우고 싶은 마음이 있었기에 기도하고 고민하다가 결정할 수 있었다.

처음엔 전임 사역을 내려놓고, 몸도 마음도 회복되어 좋았다. 새벽부터 밤까지 사역 현장에서 벗어나 푹 자고 일어나 해보고 싶은 일을 하니 얼마나 좋았겠는가. 그리고 몸무게가 10kg가 감량되었다. 전임 사역을 할 때는 심방하면 늘 남기지 않고 먹어야 한다는 생각 때문에 폭식하는 경우가 많았고, 사역 후 집에 들어와서 먹는 야식, 그리고 새벽에 일어나 새벽기도를 가다 보니 몸이 망가져 있었다. 그런데 3개월 동안 운동 한번 하지 않았어도, 잠 잘 자고 야식과 폭식이 사라지니 자연스럽게 몸무게가 감량되었다.

그러나, 이런 행복함은 2개월이 끝이었다. 먹고 살아야 하는 문제에 봉착한 것이다. 매달 나가는 집의 이자, 세금, 이유식, 차 연료비 등등 수입은 줄었는데 지출은 더 나가게 되었으니. 재정을 메꿔야 하는 상황이 온 것이다. 그리고, 호기롭게 시작한 교재 만드는 사역은 몇몇 곳에서 협업할 수 있게 되었지만. 당장 들어올 수 있는 수입이 아니었다.

먹고 살아야 하는 문제에 직면하자, 내가 지금 해야 하는 일들이 무엇인지 찾아보기 시작했다. 온라인 아르바이트 사이트를 뒤적거렸다. 그러나, 사이트를 뒤적거리면 뒤적거릴수록. 나의 전공인 목회학과 나이가 30대를 넘어간 사람으로서 내가 할 수 있는 일이 마땅히 없다는 현실에 좌절하게 되었다.

"요즘 스마트 스토어가 대세라고 하던데, 그걸 해볼까?", "내가 아는 목사님은 바리스타 자격증으로 카페를 운영한다던데", "블로그? 유튜브. 시작해 볼까? 나만의 콘텐츠가 과연 있을까?", "집을 구해야 하는데, 경매로 돈을 벌어볼까?", "대리운전? 쿠팡맨?"

직종은 다양한데, 나에게 맞는 일을 구한다는 건 쉬운 일은 아니었다. 현실을 맞닥뜨리니 '목회가 가장 좋았어요.'라는 생각이 절로 나왔다.

2. 교육의 중요성

　고등학생 때 어느 날 담벼락에서 담배를 피우는 우리 학교 학생을 보았다. 침을 쫙 뱉으며, 담배를 피우는 모습을 보며 이런 생각을 했다.

　"백주 대낮에 저렇게 담배를 피우면서 있는 애는 당연히 교회 안 다니겠지?"

　어떤 날에는 교복을 입은 채 욕을 하는 학생을 보았다. 그 친구를 보며 "저런 애는 천국이라는 곳을 과연 알고서, 저런 행동을 하는 걸까?" 내 마음속에 정죄하는 마음이 있었다. 그러나, 신기한 부분이 무엇인지 아는가? 그 친구들 모두 교회에 다닌다는 사실이었다. 지금은 '성화'에 대해 잘 알고 있고, 그런 친구들을 위해 예수님이 이 땅에 오셔서 십자가에 달리시고 돌아가심을 믿지만. 당시에는 그런 부분들을 몰랐다.

　교회 다니면, 착하게 행동해야 하고. 목사님과 선생님 부모님께 순종하는 착한 아이가 되어야 한다고만 생각했다. 그리고, 나는 저

들보다는 더 나은 인생을 살고 있다고 자부하는 바리새인과 같은 사람이었다.

하나님은, 그런 나에게 내 속에 은밀하게 있는 죄를 보게 하셨다. 쓰레기와 같은 내 속의 죄악들. 다른 사람들은 모르지만 나는 잘 알고 있는, 내 속에 있는 죄를 직접 보게 하셨다.

역사에 만일이라는 건 없다지만. 가끔 이런 생각을 한다. '어릴 적부터 기독교 교육을 제대로 받았다면, 나는 어떤 삶을 살았을까? 그리고, 예수님을 믿고 난 이후 어떻게 살아야 하는지 기독교 세계관에 대해 확실하게 알았다면 나는 어땠을까?' 최소한 바리새인처럼 살아가지는 않았을 것 같다.

하나님께서, 이런 부분을 알게 해주신 이유가 있다고 생각한다. 가정과 교회와 학교에서 복음이 제대로 전해져야 하고, 복음에 합당한 삶이 무엇인지를 부모가 확실히 알아야 자녀에게 잘 전수될 수 있다는 것이다.

출애굽 이후, 그토록 하나님을 사랑했던 백성들이. 사사시대로 넘어가게 된 것은 '교육'의 부재였다고 생각한다. 신앙교육, 그리고 신앙에 입각한 삶의 교육.

이런 부분에서 하나님께서 나를 목사이자 강사로 부르신 건 의미가 있다고 생각한다. 지금, 이 순간 나의 사랑하는 자녀들에게 신앙을 교육할 수 있는 것, 학교 현장에서 기독교 세계관에 입각한 교육을 할 수 있는 것, 교회에서 복음을 전하는 교육을 한다는 것.

내가 강사이자 목사라 하나님께 감사드린다.

3. 처음 강사를 했던 날

처음 강사를 했던 날이 기억난다. 서울에 있는 한 고등학교였다. 무엇을 어떻게 해야 하는지도 잘 모르고, 부딪혀 보면 무언가 될 거라고 하는 마음으로 갔다. 깔끔하게 입고 오라기에, 양복을 입고 지하철을 타고 가는데. 안 믿는 친구들을 만난다는 설렘보다는, '과연 잘할 수 있을까?' 하는 부담감이 더 컸다.

드디어 첫 수업. 두근거리는 마음으로 수업을 시작하였다. 진로에 관한 수업이었는데, 자기 주도 학습과 관련된 내용이었다. 지루하지 않게 내용에 충실하게 수업해야겠다는 생각만 했다. 아이들의 눈빛은 초롱초롱했고, 집중력 있게 들었다. 4교시가 끝나고, 드디어 점심시간 강사들과 이런저런 이야기를 하는데. 한 분이 이렇게 질문하였다.

"혹시 선생님은, 어디 어디 수업해 보셨어요?"
"네, 저는 이번 수업이 처음이에요. 여러 가지로 잘 부탁드립니다."

"선생님 그러면 프리랜서 강사 하기 전에는 어떤 일 하셨어요?"
"그냥 예전에 아이들 가르치는 일을 했었습니다"

목사라고 이야기하지 못하는 나 자신을 발견하였다. 다른 사람들이 나에 대한 편견을 가질 것 같았다. '목사인데, 이런 일을 한다고? 목사는 교회에 있어야 하는 것 아니야?' '코로나바이러스 확진자가 교회에 한창인데, 목사는 교회에 상주하는 사람이잖아. 그런 사람이 여기에 나와 강의하고 있다고?'

타 종교의 분들이든 기독교에 있는 분들이든 나에게 이렇게 말할 것만 같은 두려움이 있었다.

어쩌다 강사가 되었지만, 그래도 하나님께 받은 소명도 있고. 주말에는 교회 청소년부 친구들에게 설교도 하고 예배도 인도하고 있는 내가. 주중에 학교에 나와서는 나의 정체성을 드러내지 못하는 것이었다.

그때, 내 머릿속을 스치는 생각
'아, 주일에 내가 만나는 청소년부 학생들도 이럴 수 있겠구나.'

나도 그러한데, 교회에 다니는 청소년 친구들도 충분히 정체성이 흔들릴 수 있겠다.

2021년 당시에는 코로나바이러스가 한창이었다. 뉴스에서는 코로나바이러스 확진자가 어느 교회에서 몇백 명. 어느 교회에서 몇천 명. 이라는 기사가 나왔고, 학교에서도 교회 다니는 애들과 접촉하는 걸 조심하라고 하였다. 교회 다니는 것 자체가 코로나바이러스를 전파하는 사람으로 인식되는 시기였다.

주일에 ZOOM (화상통화 어플)으로 예배드리는 청소년들에게 '코로나바이러스로 인해 크리스천의 정체성을 절대로 잃어버려서는 안 된다.' 라고 설교하기도 했다. '주일에 교회를 가고, 예배도 드리고, 찬양도 열심히 하는 친구가. 주중에 학교나 학원 친구들이 너 예수님 믿어? 교회 다녀? 라고 질문한다면. 그 친구들도 나와 같이 떳떳이 이야기할 수 없지 않을까? '하는 생각이 들었다.

교회 안에서만 있었던 나는 세상이라는 정글 앞에, 온실 속의 화초와 같은 존재밖에 되지 않았다. 내 정체성을 드러내야 할 때, 숨기는 뼛 속 깊은 죄인이라는 사실을 깨달았다. 그리고, 현실을 외면한 채 성경 말씀을 들이대면서 정답인 것처럼 이야기 했던 나에 대해서도 반성하는 계기가 되었다.

4. 고교학점제 강의를 하면서

2022년부터 정말 많은 학교가 '고교학점제' 강의를 원했다. 고교학점제란 학생이 기초 소양과 기본 학력을 바탕으로 진로 및 적성에 따라 과목을 선택하고, 이수 기준에 도달한 과목에 학점을 취득하고 누적한 후 졸업하는 제도이다. 마치 대학교처럼 이수해야 할 학점을 정해두고 원하는 과목을 신청하는 방식이다. 직접 이수할 과목을 선택함으로써 학습 동기를 불러일으킬 수 있고, 능동적 배움으로 이어질 수 있기에 좋은 제도라고 생각한다.

경북에 있는 한 중학교에 고교학점제 강의를 하러 갔다. 그런데, 이 강의를 듣고 있는 중1 학생들의 눈빛이 흔들리는 게 보인다. '무엇 때문일까? 좋다는 건 알겠는데, 왜 이렇게 흔들려 보이는 것일까?' 학생들에게 이 부분을 이해하는 데 어려움이 있는지를 물어보았다.

"선생님, 제가 꿈이 아직 없는데 지금부터 무엇을 준비해야 할까요? 설명을 들어도 이해를 못하겠어요. 어려워요."

고등학교를 가기 전에, 자신의 진로에 대해 생각하고 정해야 한다는 부담감. 아직 자신이 무엇을 해야 하는지 모르는 학생들.

이런 이유로, 학생들의 눈빛이 흔들렸던 거다.

"수능점수에 맞춰서 대학교에 들어가고, 거기에서 저에게 맞는 전공을 찾으면 되지 않을까요?"의 시대는 사라지고 있다. 미리 준비해야 대학 입학도 가능한 시대가 왔다.

조심스레 예측해 본다. 정말 자신이 원하고 잘하는 진로에 맞추어 고교학점제를 준비하는 친구들과 진로와 상관없이 서울 안에 있는 대학교에 진학하기 위한 진로 로드맵을 준비하는 친구들로 나뉘지 않을까 싶다.

이 전에는 중학교 때부터 진로 로드맵을 시작했는데, 이제는 초등학교 때부터 이 일들이 시작될 것 같다.

이런 상황을 교회는 그저 바라보고 있어야만 할까? 하나님께서 각자에게 주신 달란트를 살리기 위해 교회 교육은 무엇을 준비해야 할까?

생각이 많아지는 하루이다.

5. 메타버스, AI시대에 필요한 것

　요즘 들어 가장 많이 하는 강의(2023년 기준)는 메타버스, AI, 디지털 리터러시 관련 주제다. 세상이 빠르게 변화하고 있음을 체감한다. 강의를 준비하면서 계속 내 생각에 맴도는 건, 다음 세대는 지금보다 세대 차이가 더 나는 다른 세대가 될 것 같은 경각심이다.

　그런데 막상, 학교에서 강의를 하면 '내가 너무 앞서 걱정했나?' 할 반응들이 나온다.
　"선생님, 제페토로 어떤 맵을 해야 재밌나요?"
　"선생님 디지털 리터러시는 다 알겠으니까, 게임해요"
　활동이 일찍 끝난 친구는 몰래 인스타그램이나 쇼츠를 보고 있다.

　4차 산업혁명과 관련된 주제로 강의하다 보니, 어쩔 수 없이 스마트폰을 사용해야 하고. 학생들은 스마트폰을 가지고 강의에 집중하는 건 잠깐. 그 외는 재미를 추구하는 경향을 보인다. 물론, 강의가 재밌어야 하고 지겹지 않기 위해 주제와 관련된 활동을 해야 하는 건 맞지만. 주제 내용에 집중하지 못하고, 재미를 쫓는 학생의 모습을 보면 안타까운 마음이 생긴다. 그렇다고, 스마트 기기를 빼고서는 수업을 진행할 수도 없다. 코딩, 메타버스를 스마트 기기 없이 어떻게 강의를 할 수 있을까? (물론 할 수는 있지만 정말 재미도 없고 교육 흡수율도 낮다)

그래서 수업 이후에 혼자 고민해 보았다. 4차 산업혁명과 관련된 강의를 배움으로 편리함과 미래의 먹거리를 찾아가는 것, 이를 잘 활용하는 법을 배우는 것도 중요하겠지만, 그 이전에 다음 세대 더 필요한 절제, 인내, 훈련, 진리 등을 어떻게 습득하고 살아낼지 고민해 봐야 하지 않을까? 시대를 역행하자는 게 아니다. 절제, 인내가 없는 스마트 기기 사용이 얼마나 독이 되는지를 공교육 현장에서 직접 보니 슬프고 안타까운 마음이 들어서 그렇다.

6. 강사가 되고나서 좋은 점 3가지

강사가 되고 나서 좋은 점이 있다. 크게 세 가지로 볼 수 있다. 돈, 시간, 현장이다.

첫 번째 돈이다.

전임 사역을 했을 때는 월 200만 원 중 후반대의 사례비를 받았다. (각 교회의 사정에 따라 다르다) 강사로 일을 하면, 하는 만큼 버는 게 있지만. 하루 평균 15만 원씩 번다고 생각하면 15~20일 정도면 전임 사역자만큼 받을 수 있다. 그리고, 주말 파트 사역을 하게 되면. 전임으로 했을 때보다 조금 더 낫다고 볼 수 있다.

두 번째는 시간이다.

전임 사역을 했을 때는, 새벽에 일어나서 새벽기도회를 갔고. 잠깐 쉬었다가 9시 반에 출근, 6시에 퇴근했다. 수요 예배가 있는 날에는 9시에 퇴근. 월요일은 쉬고 나머지 날에는 동일했다. 혹여라도 장례식이 생기는 날에는 비상근무를 나가야 한다.

이렇게 전임 사역을 하다 보면, 두 가지 부분이 어그러지기 시작한다. 하나는, 체력이 점점 지쳐가는 것이었다. 살이 점점 쪄서 100kg 가까이 된 적도 있었다. 또 하나는, 가족과 함께 보내는 시간의 부족함이었다. 강사를 하고 나서, 특히, 가족과 함께 보내는 시간이 많아져서 좋았다. 아이가 어릴 때부터 커 가는 모습을 볼 수 있어서 좋고, 쌍둥이 자녀를 낳고 나서는 아내와 함께 육아에 참여할 수 있어서 감사했다.

세 번째는, 현장이다.

교회에만 있으면 절대로 알 수 없는 학생들의 생생한 현장을 체험할 수 있었다. 전국의 여러 학교에 다니면서, 학생들이 어떤 고민을 하고 있는지. 이들이 학교에서 어떤 모습으로 생활하는지를 알게 되었다. 학교 강의를 하면서 내가 담당하는 학생들에게 고마움을 가졌다.

지겨울 수 있는 설교에 집중해 주고, '재밌어요' 라고 말해주는 착한 학생들이었다. 나에게 먼저 인사해 주고, 함께 밥 먹고 대화하는 우리 아이들이 너무나 고마운 존재임을 알게 되었다. 진짜, 교회 다니는 아이들은 너무 착하고 순한 아이들이며. 교회에서 문제 있다고 하는 학생은, 학교에서는 문제 측에도 들어가지 않는 아이들이다.

좋은 점도 있지만, 단점도 분명히 존재한다. 단점은 크게 두 가지로 볼 수 있다.

분산, 정체성이다.

첫 번째 분산이다.

사역에 집중하는 게 어려워진다. 다른 사역보다는 '설교를 위한 본문 연구와 준비'의 부분이 부족해진다. 전임 사역 때는 설교를 준비하는 시간이 그래도 많았다.

'프리랜서가 되어 강사가 되면, 설교 준비하는 시간이 더 많은 것 아닌가?' 생각할 수 있겠지만. 되레 그렇지 않다. 강의를 준비해야 하는 시간이 있기 때문이다.

강의하기 위한 교육도 받아야 하고, 시연도 해야 하고, 미리 준비해야 하는 부분들이 많다. 한 가지 교육 콘텐츠로 강의하는 것이 아니기 때문에, 계속 새로운 것을 습득하고 준비해야 하다 보니, 설교 준비하는 시간이 더 줄어들었다. 그러므로, 이를 커버하기 위해서는 큐티와 독서가 필수적임을 새삼 깨닫게 되었다.

두 번째 정체성이다.

자비량 사역자들이 한 번씩 겪는 부분인. 정체성의 문제가 제일 큰 단점이다. '나는 목양을 하고 가르치는 목사인가? 아니면, 생계를 위해 일하는 사람일 뿐인가?' 이런 고민을 하게 된다. 나의 경우

정체성이 혼들리게 되는 단계가 있었다.

1) 돈을 버는 것이 재밌어진다.

내가 하는 만큼 돈이 들어오니. 돈을 버는 재미를 알게 되었다.

2) 인정욕구가 채워진다.

강사는 학생들과 회사, 주변 동료 강사들에게 '강의평가'를 받는다. 나는 그 강의평가에서 낮은 점수를 받은 적이 거의 없다. 내가 시연한 강의 영상을 신입 교육용으로 사용하기도 하고. 강의를 잘한다는 소문이 나서, 선생님이 개인적으로 강의 요청을 하기도 하였다. 또한 내가 만든 6교시짜리 강의를 몇몇 학교에서 쓰기도 했다. 교회 부교역자로서 인정받는 것도 좋고 감사하지만, 불특정 다수에게 인정받는 건 또 다른 의미에서 좋았다. 인정욕구가 사역 때보다, 더 채워지다 보니 강사가 나에게 더 맞는 것이 아닐까? 하는 고민이 생겼다.

3) 사역보다는 강의하는데 시간과 에너지를 많이 쓰게 된다.

사역 현장을 더 알아가기 위해 강사를 시작했는데, 어느샌가 내가 처음에 생각했던 마음은 점점 옅어지고. 강의를 준비하고 강의에 시간과 에너지를 많이 쓰는 나 자신을 발견하게 되었다.

4) 위의 단계를 거치면서, 정체성이 혼들리기 시작한다.

'나는 목회자인가? 영혼구원을 위해 살아가는 것인가? 아니면 생계를 위한 것인가?'

왜 이런 고민을 하게 되었는지 되돌아보았다. 믿지 않는 청소년을 강의자로서는 만나지만, 일회성으로 끝나기 때문이기도 하고. 학교 현장에서 복음을 전하기 매우 어려운 현실적인 문제들이 있다 보니. 영혼 구원의 첫 마음이 사라지고, 생계와 자기 계발을 위해 강의를 하는 내가 된 것이었다.

이런 고민을 아내, 멘토, 하나님과 솔직하게 이야기하면서 과연 나는 목회자가 맞는지 다시 한번 점검해 보기도 하였다. 감사하고 또 다행인 것은, 나는 목회자임이 분명했다. 전통적인 목회자가 아닌 BAM (Business As Mission) 에 가까운 목회자였다.

7. 어쩌다 강사가 되기 위해서는?

강사가 되기 위해서는?

1. 이미 진로 쪽 관련 회사에서 강사를 하는 분이 있다면, 그 분을 통해 입사 신청서를 넣어본다. (가장 확실하고 빠른 방법이다.)

2. 진로, 학습, 청소년 상담, 코딩, 4대 폭력 예방 교육 등 학교 수업과 관련된 자격증 공부를 해서 자격증을 따는 것이 좋다.

3. 잡코리아에 '진로' 키워드를 검색해서 나온 회사 중 '프리랜서'를 구하는 회사에 입사 신청서를 넣는다. (잡코리아에서는 이력서를 만들수 있는 폼을 제공해 준다.)

4. 네이버 밴드의 '기업 강사를 위한 공간'에 가입한 후 학교 강사를 구하는 곳에 지원한다. (기업강의뿐 아니라 학교 강사를 구하는 회사들도 가입되어 있어서, 공교육 강의를 나가기에 수월하게 되어 있다)

5. 강사를 시작하고자 하는 교역자, 사모 에게는 자격증을 먼저 따는걸 추천한다. 회사와 학교 모두 진로와 관련된 자격증을 요구하는 곳이 많기 때문이다.

6. 회사와 프리랜서 계약을 맺은 후 학교를 다섯 곳 이상 가게 된 강사라면, 잡코리아를 통해 다른 회사들도 입사 지원을 하는걸 추천한다.

프리랜서는 영어로 free-lancer이다. free는 '자유'라는 뜻이고, lancer는 '창기병'이라는 뜻을 가지고 있다. 프리랜서라는 단어는 중세 시대 때부터 사용되었다고 한다. 특정한 영주나 군대에 소속되어 있지 않은 자유로운 상태에서 돈을 주면 특정한 싸움을 위해 또는 일정한 기간 같이 싸워주는 용병을 의미한다.

프리랜서는 특정 기업, 단체, 조직 등에 전담하지 않고 자신의 기술과 능력을 이용해 사회적으로 독립적인 개인 사업자이다. 프리랜서 단어의 뜻을 굳이 설명한 이유는, 어느 한 회사에 얽매일 필요가 없다는 걸 말하고 싶어서다.

여러 회사에 가입하는건 실보다는 득이 크다. 추천하는 이유 세 가지를 뽑자면.

첫째, 다양한 학생과 콘텐츠를 경험할 수 있다.

우리나라 진로와 관련된 교육회사가 꽤 많다. (내가 아는 곳만 세어봐도 30개가 넘는다) 회사마다 각양각색의 특성이 있다. 콘텐츠도 다양하다. 어느 회사는 젊은 사람을 더 원하고, 어떤 회사는 나이가 있는 분을 원하기도 한다. 어느 회사는 특성화고등학교 수업이 많고, 어느 회사는 중학교 수업이 많기도 하다. 어떤 곳은 지방이 많고, 어떤 회사는 서울 경기 권역 학교를 수주해 온다. 시급도 다양하다. 교통비, 시급, 식사비, 전날 숙박 등 회사마다 다르기 때문에, 한 곳에만 있기 보다는 프리랜서로서 다양한 학생과 콘텐츠를 경험할 수 있다는 점에서 여러 회사에 소속되는 것을 추천한다.

둘째, 내가 원하는 날짜에 고를 수 있다.

또한 교육회사의 입장에서 보면 한 강사를 많이 보내주면, 다른 강사들과의 형평성에 문제가 되기 때문에, 골고루 학교 강의에 넣어주려는 경향이 있다. 이렇게 되면 내가 원하는 시간에 강의할 수 있는 사람이 프리랜서인데. 내가 원하는 시간에 강의하지 못할 수도 있는 아주 큰 '손실'이 있다.

여러 회사에 소속되어 있으면, 각 회사에서 올라오는 강의를 내가 골라서 출강할 수 있다는 장점이 있다.

셋째, 네트워킹이 가능해진다.

    학교 강의를 가면 자투리 시간들이 꽤 난다. 수업 전 준비 시간, 쉬는 시간, 점심 시 간 등이다. 이때, 강사들은 이런저런 이야기를 많이 나누게 된다. 인생 이야기를 듣기도 하고, 삶의 고충도 듣기도 하고. 다양한 나눔을 짧은 시간 내에 하는데. 그중에 가장 많이 하는 이야기는 '혹시 여기 말고 어디에 또 소속되어 있으세요?','여기 회사랑 다른 회사의 차이점이 있나요?' 등이다.

    대화하다 보면, '저 사람은 내가 알고 있는 회사에 꼭 소개해 주고 싶다', '개인적으로 연락하면 좋겠다 하는 분', '저분과 또 강의 가면 좋겠다.' 하는 강사들을 꽤 많이 만난다. 공저로 함께하는 두 분도 이런 식으로 만나게 된 부분이 있다.

    물론 다양한 회사에 속한다는 건, 그만큼 새로운 교육을 받아야 한다는 뜻이기에. 시간과 돈을 투자하는 것, 공부해야 하는 부담감이 분명히 있다. 그러나, 나는 그럼에도 한 곳에만 속해있기보다 다양한 경험을 통해. 여러 학생을 만나고, 복음을 전할 기회를 만날 기회를 열어 놓는 게 더 좋다고 생각한다.

8. 강사하며, 제일 무서웠던 날

지금까지 전국에 200여 개의 학교에 다니면서, 가장 충격적인 상황을 떠올려본다면. 단연 이곳이 기억에 남는다. 인천에 있는 공업고등학교다. 출강 사전 공지 사항에 남자 선생님들만 오라고 했던 게 기억난다.

학교에 들어서니, 건장한 남자 학생들이 돌아다니고 있었다. 덩치가 나보다 2배 되는 친구도 있었고, 키가 엄청나게 큰 학생들도 있었다. 처음부터 위압감을 가지게 되었다. 지금까지, 다양한 학생들을 만나보았다. 그러나 이번처럼 위압감을 받으며 수업에 임하기는 처음이었다. 기분이 싸했다. 마음을 다잡고, 내가 맡은 학생 1학년 친구들을 만나러 교실에 들어갔다.

오늘 수업은 학습, 취업, 동기부여에 관한 내용이었다. 이제 사회의 한 인원이 되어, 자신의 인생을 살아야 하는 친구들에게 어떻게 하면 최선을 다해 전할까? 생각하며, 노트북을 세팅한 후 수업이 시작되길 기다렸다.

수업이 시작되었다. 그런데, 내 앞에 보이는 수업 참여 학생이 5 명밖에 되지 않았다. 이게 무슨 일인가 하고, 출석부를 확인해 보 았다. 총인원이 20명인데, 15명은 어디 간 걸까? 학생들에게 물어 보니, 잘 모른다. 이런 일이 비일비재 해서, 선생님들도 그런가 보다 하며 잘 안 물어본단다.

나머지 5명에게 잘 전하고자 마음을 먹고, 시작하려는데. 한숨부 터 나온다. 오른쪽 끝줄에 있는 한 학생은 아침부터 잠을 깊이 자 고 있다. 걔를 내버려두란다. 어제 술을 많이 먹어서 힘들 거라고 말해주었다. 가운데 중간 줄에 앉은 한 명은 스마트 폰을 들고 게 임을 하고 있었고, 왼쪽 끝줄 4번째 자리에 앉은 학생은 헤드폰을 쓰고 노래를 듣고 있었다. 오직 2명의 학생만 나에게 집중해서, 내 가 나눠준 교안을 보고 있는 이 현실을 뭐라고 말해야 할까?

정말 참담했다. 더 슬픈 건, 그중 한 명의 학생은 처음에 집중하 는 것 같더니. 이내 다른 학생의 꼬임에 넘어가 같이 게임에 접속 하고 있었다. 이건, 예의가 없는 것이었다. 화가 머리끝까지 났다. 그러나, 여기서 화를 낼 수는 없었다.

화내면 학생이 자신의 인권을 침해했다고 하면서, 소송을 걸면. 나만 큰 손해를 보기 때문이었다. 그리고, 이들이 마지막에 나에 대해 강의평가를 할 텐데. 화내면 강의평가가 잘 나올 리가 없지 않겠는가? 또한 덩치를 보더라도, 덤벼봤자 내가 당하면 당했지 이길 수는 없다는 생각이 들었다. 결과적으로 화내면 나만 손해였다.

1교시 수업이 끝나고, 교사 휴게실에서 여러 생각을 했다. "와, 남은 5시간은 어떻게 진행해야 하지? 얘네들을 데리고, 학습 동기에 대해 알려주라고? 어떻게 집중시켜야 하지? 그래 필살기를 쓰자."

나에게는 집중 못하는 학생들이 있을 때 쓰는 몇 가지 필살기가 있다.
하나는 게임 PPT 이다. 피피티로 퀴즈를 푸는 건데, 50개 정도 가지고 있다. 학생들이 피곤해하거나, 집중을 못한다거나, 수업 시간이 조금 남았을 때 사용한다.

또 하나는 재정, 결혼, 노래, 진로 강의이다. 재정 강의는, 칠판에다가 실질적으로 돈을 어떻게 모아야 하고, 투자해야 하며 사용해야 하는지를 알려준다. 진로에 대한 건 도표를 그리며 설명하는데, 실질적인 부분들을 알려준다. 노래는 내가 전공자 이기에 알려줄게 많고, 결혼과 이성친구 만나는 법은 청소년들이 관심이 많은 영역이라 집중력이 높아진다.

그 외에 모둠별로 진행하여 점수를 주면서 마지막에 상품을 주는 것도 있고, 중간중간 할 수 수업과 관련되어 사용할 수 있는 미니게임 같은 것들도 있다.

이들에게 몇 가지를 사용해야겠다 생각했다.

2교시가 시작되었다. 결과는 어떻게 되었을까? 나중에 지각해서 온 학생까지 포함해서 총 7명이 5교시까지 집중하게 되는 기적이 일어났다.

이렇게 진행했다. 50분이 전체 수업이면, 15~20분은 피피티 게임만 한다. 이에 따른 점수를 매기고 상품을 준다고 말한다. 피피티 게임은 최대 20분을 넘겨서까지 더 하지는 않는다. 넘어가면, 강의평가에 게임만 했다고 이야기 한다. 그래서는 안된다. 20분을 넘어갈 때쯤 너희가 열심히 수업에 임하면 다음 시간에 더하겠다고 말한다.

그다음, 학생들에게 전달하고자 했던 학습 동기 수업(예를 들어 '만다. 하트 활용법')을 15분 진행한다. 그 후 수업 내용을 섞은 미니게임 10분(예를 들어, 만다. 하트 내용이 들어간 빙고 게임, 수업 내용 속에 있던 단어를 활용한 경매게임 등)을 한다. 나머지 5~10분은 재정, 결혼, 노래 강의를 한다.

강의평가는 어땠을까? 학생들이 마지막에 이렇게 말하면서 강의평가를 해주었다.

"선생님 진짜 재밌었어요. 최고점수 드릴 테니까, 다음에도 또 와주실 수 있죠?"

가장 힘들고 무서웠지만, 제일 뿌듯한 경험이었다. 힘들었던 경험을 해서 그런지, 이 수업 이후 웬만한 수업은 어렵지 않게 느껴지니. 내 수업을 들어준 7명의 공고 친구들에게 진심으로 고맙다고 말해주고 싶다.

9. 직접 복음을 전하지 못하는데

학교에 복음을 전하는 것도 중요하지만, 복음의 요소와 세계관을 가지고 강의하는 것 또한 중요하다고 생각한다. 요즘 웬만한 학교에서는 직접 복음을 전할 수 없게 되어 있기 때문이다. 복음을 전하면, 바로 신고가 들어온다. 그럼, 다른 학교에서도 강의하기 어렵게 된다.

교회가 아닌 학교에 있는 청소년들에게 복음을 전하고 싶어 강사가 되었는데. 복음을 제대로 전할 수 없는 상황이 되었으니. 이것 참 난감한 일이 아닐 수 없다. 또한, 개인적으로 진로상담을 하게 되어 복음을 전할 기회가 와서 예수님을 영접하더라도 이 학생이 신앙생활을 제대로 하기란 어려운 일이다.

다양한 이유가 있다. 이 학생이 내가 사역하는 교회로 오면 가장 좋은데, 대부분 내가 사역하는 곳에서는 멀다. 주변 교회에 연결해 주고자 하더라도, 학생이 원하지 않는 예도 있고. 간혹 연결되어도 사역자에게 캐어를 받지 못해 교회에 나가지 않게 되기도 하였다.

이런 상황들을 겪다 보면, '자연스럽게 학교 강의를 나가는 것이 과연 하나님의 일을 하는 게 맞는가?'이라는 고민을 한다. '직접적으로 복음 전하기도 어렵고, 그 학생이 신앙생활을 하기도 어려운데. 굳이 강사를 해야만 하는 걸까? 주일에 예배당에서 설교를 통해 복음을 전하면 되는 것이 아닐까? 교회 안에도 믿지 않는 학생들이 많은데, 이 친구들에게 복음 전하면 되는 것이 아닌가? 굳이 학교에 가서 강의할 필요가 있을까?'

그럼에도 나는 하는 게 좋다고 생각했다. 몇 가지 이유가 있는데. 첫째, 말씀 때문이었다.

(겔 33:7) 인자야 내가 너를 이스라엘 족속의 파수꾼으로 삼음이 이와 같으니라 그런즉 너는 내 입의 말을 듣고 나를 대신하여 그들에게 경고할지어다

이 말씀을 묵상하다 하나님께서 나를 학교 현장으로 보낸 이유에 대해 다시 한번 생각해 봤다. 파수꾼은, 적이 오는 것을 직접적으로 볼 수 있는 중요한 위치이다. 그리고, 파수꾼이 적이 오고 있다는 경고를 보내지 않으면 성안에 있는 백성들은 쥐도 새도 모르게 죽임을 당할 수 있다.

교권이 무너지고 있고, 서울 소재 대학과 대기업 취업이 성공이

라 말하는 학교 현장에 내가 파수꾼이 되어야 하는 게 아닐까? 직접 복음을 전하지 못할지라도, 파수꾼으로서 학교의 현실을 교회 선생님들과 부모들에게 생생하게 신호를 보낼 수만 있다면. 우리 자녀들이 기독교 세계관으로 든든히 서지 않고서는, 맘몬 주의의 파도에 휩쓸릴 수밖에 없다고 경고를 보낼 수 있다면.

그런 파수꾼만 사용되어지더라도 감사하다는 생각이 들었다.

둘째, 복음을 전하는 것도 중요하지만, 복음의 요소들과 기독교 세계관으로 일반 학생들에게 교육하는 것 또한 중요하다 생각했기 때문이다. 기독교세계관에 대한 논문들을 읽다가, 아브라함 카이퍼의 글을 읽게 되었다.

카이퍼는 독자적으로 개혁주의 원리(Gereformeerde Beginsel)에 입각한 학문을 수립하려고 했다. 그는 기독교를 단순히 학문으로 보거나 과학으로는 생각지 않았다. 그렇지만 이 세상의 모든 피조물과 실제가 오직 하나님께 영광과 찬양을 돌릴뿐 아니라, 우리는 하나님이 본래 창조의 목적을 위해 봉사해야 한다고 역설했다. 또 카이퍼의 세계관의 근저에는 비중생자가 만들어낸 문화를 중생자가 만드는 문화로 바꾸어야 한다는 것이다. 이를 우리는 카이퍼의 문화변증(Cultural Apologetics)이라고 할 수 있다. (월드뷰 2011.7월호 6페이지) 이 글은 내 심장을 뛰게 하였다.

학교에서 '인성교육'에 대한 강조를 많이 한다. 인성교육의 구성 요소를 보면, 성실, 배려, 소통, 책임, 예의, 정직, 섬김 등이다. 모두 다 하나님 말씀에 담겨 있는 내용들이다. 우리는 신본주의 인성교육을 해야 하는 것이고, 세상은 인본주의 인성교육을 하는 것이다.

내가 생각하는 신본주의 인성교육은, 하나님 말씀이 보이시고 알려주신 것을 배워 살아감이 옳다 교육하는 것이다. 인본주의 인성교육은, 공동사회에 대한 인간의 책임과 인간의 내면적 성장에 초점을 두는 교육이라 생각한다.

이런 의미에서, 같은 인성, 진로, 리더십 교육을 하더라도 한 사람은 창조주와 구원하신 주님으로 하나님을 믿고, 다른 사람은 우상을 섬긴다면, 교육 방향과 목적이 달라질 수밖에 없다는 결론을 내게 되었다.

내가 학교 현장에서 복음을 직접 전하지 못하더라도, 내가 믿는 하나님과 그 말씀의 원리를 중심으로 교육한다면. 그것 또한 삶의 전 분야에서 하나님의 주권을 미칠 수 있다고 생각하니, 생각한 고민이 자연스럽게 풀어졌다. 이 생각이 더 확장되어, 이런 크리스천 강사들을 양성하는 사람이 되면 좋겠다는 마음마저 품게 되었다.

10. 힘들어도, 해 나가야 할 일

주일 사역이 마치면, 다른 사역자들은 월요일에 휴식을 갖지만. 나는 쉴 수가 없었다. 월요일부터 있는 강의를 준비해야 하기 때문이다. 처음에는 밀도 있게 준비하려고 애를 썼다. 그러나, 요즘은 그것마저도 쉽지가 않다.

자녀가 세 명이 되면서, 쳐내기 급급한 상황이 돼버렸기 때문이다. '나이 40이 지나 50, 60살이 되어서도 청소년 학생들을 강의하는 게 가능할까?' 라는 생각을 해 본 적이 있는데. 답은, '없다'였다. 나는 학생들을 앞에 놓고 즐겁게 할 수 있겠지만, 학생들은 자기 아버지뻘인 사람에게 강의를 들으면 잔소리로 들릴 수 있겠다는 생각 때문이었다.

강의는 지금이니까 할 수 있는 것이다. 그러나, 나중을 위해서는 나만의 콘텐츠 준비와 더불어 교육 사업을 해야겠다는 마음을 갖게 되었다. 이 마음을 품고 난 이후부터, 강의와 교육사업을 함께 준비 하고 있다. 이를 통해, 개척교회 목사님, 사모님, 청소년들을 직접 만나고자 하는 청년이나 교역자들이 강사로 함께 하는 걸 꿈꾸고 있다.

그러다 보니, 해야 할 일이 더 늘게 되었다. 사역, 강의, 육아, 사업 준비. 교회 사역도, 주중 강의도, 강의 후 있는 육아도 이럴 때일수록, 하나님과의 관계가 더욱 중요함을 깨닫는다. 내 힘으로 감당할 수도 없고, 하나님께서 주시는 지혜가 아니면 할 수 없기 때문이다. 또한 자녀들이 아프다던가, 어떤 상황이 올 것인가에 대한 부분은 내가 예측할 수 없는 영역이다. 하나님께 맡기고 움직이는 수 밖에 없다.

누군가는 내게 이렇게 이야기 하곤 한다. '그럼, 일을 줄이면 되는 것 아니냐? 전임 사역으로 다시 돌아가면 되는 것 아니냐?' 물론 그 말도 옳다. 그러나 각자의 사정이 있는 것 아니겠는가? 그리고, 일을 줄이거나 전임 사역으로 돌아가면 내가 하나님께 기도하고 꿈꿨던 부분들이 이뤄지는 걸까? 아니라고 생각한다. 경제적인 상황도 무시할 수 없다.

일을 줄이거나 전임으로 돌아가는 일은 '나만의 전문영역을 확실히 구축하고 난 뒤'가 될 것이다. 그전까지는 하나님께서 돌아가라고 하거나, 그런 상황이 만들어지지 않는 한 이 일을 하고 싶다.

강호동 씨가 조혜련 씨에게 이런 조언을 했다고 한다. "혜련아?, 인생에는 성공가 실패가 있지? 틀렸다. 성공과 어떻게 실패가 있노. 뭐가 실패고? 대학 떨어지면 실패야? 취직 안 되면 실패가? 인생에는 성공과 '과정'만 있지" 이 말에 공감한다.

　처음 가는 길이기에 남들이 이야기 하는 실패를 맛볼 수 있다고 생각한다. 확실하게 부딪쳐 보지도 않고. 힘에 부친다고 포기하고 싶지는 않다. 그리고 혹 안되더라도 다시 도전할 수 있는게 지금이 아닐까?

11. 사역과 가정과 강의의 밸런스

겸직 목회를 하다 보면, 사역도 잘하고 싶고, 가족과의 시간도 잘 보내고 싶고. 강의도 특출나게 잘하고 싶은 생각을 하게 된다. 세 마리 토끼를 다 잡고 싶은 거다.

그러나, 생각보다 쉽지 않다.

자녀가 있으면 더 어렵다. 내가 지금, 이 글을 쓰는 현재, 3살짜리 딸과 5개월 된 쌍둥이 남매가 있다. 정신이 없다.

새벽 6시, 알람을 맞추지 않아도 눈이 떠지게 된다.

쌍둥이 남매 중 한 명이 배고프다고 울고 있다. 아니, 새벽 6시에 일어나 주면 정말 고맙다.

때때로, 모로반사(신생아에서 볼 수 있는 반사운동으로 신생아가 누워있는 상태에서 큰소리가 나거나 머리나 몸이 위치가 갑자기 변하면 아기가 팔과 발을 벌리고 손가락을 짝 펼쳤다가 무엇을 껴안듯이 오므리는 반사를 뜻 함) 때문에 새벽 2,3시에 깨서 울면 공갈 젖꼭지(쪽쪽이)를 물려주려 일어나야 한다. 그럼, 그날 컨디션은 끝난 거다. 피곤함을 달고 살 수밖에 없다. 그래도 감사해야 한다. 아이가 2개월에서 3개월 때까지는 새벽에 수유를 해줘야 해서 잠도 못 잤는데, 지금은 통잠을 자기 때문이다.

새벽 6시에 부랴부랴 일어나, 기저귀를 갈아준 후 유산균 분말과 가루를 넣어 적당량의 물을 넣어 분유를 타 준다. 아기들이 먹고 있을 때, 가만히 있을 수 없다. 밀린 빨래를 돌리고. 밤새 소독한 젖병을 조립한다. 설거지하고 다 마른 그릇들을 정리 한 후 뒤돌아 보면 아이들은 수유가 끝나 있다.

아기는 스스로 트림할 수 없다. 수유 후에는 앞으로 안아 등을 쓰다듬으며 트림을 시켜줘야 한다. 그렇지 않으면 먹은 걸 게우기 때문이다. 트림을 시키면, 아기들은 바닥에 두어 놀게 해준다. 그 러고 나면, 건조가 다 된 수건과 옷을 정리한다.

어느덧 7시~7시 반쯤 첫째 딸이 부스스한 얼굴로 일어나 내 쪽 으로 온다. 안아주고 나면, 이젠 어린이집을 보내야 할 준비를 해 야 한다.

아침밥도 새로 하고, 분유 포트에 물도 다시 끓여 넣고, 어린이집 옷과 가방도 미리 챙겨주고 그러다 보면. 어느덧 강의장에 가야 할 시간이 다가온다. 정신이 없다. 부랴부랴 씻고, 아침밥 먹고

아내는? 자는 건가? 아니다. 위의 일들을 나보다 훨씬 더 많이 한

다. 나보다 더 늦게 자고, 더 일찍 일어날 때가 많으며. 새벽에 아기가 깨면, 나는 못 들을 때가 많은데 아내는 재빨리 캐치해서 아기를 달래주러 간다. 첫째가 어린이집에 가기 전에 나는 강의를 하러 갈 때가 많다. 그럼, 아내는 혼자 쌍둥이를 돌본다. 주말에는 내가 사역하러 가기 때문에 토요일, 주일은 아내가 세 명의 아이를 혼자 돌본다. 아내를 보면, '엄마는 위대하다'라는 말이 절로 나온다.

아내와 나는 이런 반복되는 일을 함께하고 있다. 친정과 시댁이 멀리 있기에 오롯이 우리 둘이 세 명을 커버해야 한다.

강의를 다녀오면, 나를 맞이하고 있는 건 쉼이 아니다. 물론 쉬는 짬이 있기는 하지만, 거의 쉬지 못한다. 다녀오면, 한 사람이 쌍둥이를 돌보고. 한 사람은 시장에 가야 하는 일이나 청소해야 한다. 그리고 있다 보면 첫째 아이를 어린이집에서 데리고 와야 한다.

어린이집에서 집으로 바로 오는 일은 거의 없다. 참새가 방앗간을 들리듯 놀이터에 꼭 가서 놀고 들어와야 한다. 아이랑 놀고 집에 들어오면, 쌍둥이들은 씻고 마지막 수유를 할 준비를 한다. 첫째는 가만히 있지 않는다. 자기랑 놀아달라고 보챈다. 아직 혼자 움직이지 못하는 아기들을 돌봐야 하다 보니, 놀아주지 못하는 마음에 첫째에게 미안한 마음이 올라온다.

쌍둥이들이 잠에 들 때 즈음, 우리는 저녁 식사를 한다. 그리고, 첫째가 씻고 잠에 들 준비를 한다. 어느덧 저녁 9시 반. 그때부터 나는 아내에게 부탁하고, 피곤한 몸을 이끌고 컴퓨터 앞에 온다. 그제야 하는 강의 준비, 설교 준비, 교회 사역 일 처리, 대표로서 해야 할 행정 처리 및 소통 등. 새벽에 몸을 뉘면, 또 다시 새벽 6시에서 6시 반 사이에 어김없이 울리는 아기 울음소리에 기상.

이런 상황에서도 완벽하지는 않지만 좋은 강의 평가를 받고 있고, 사역과 가정에서도 시간을 쓸 수 있는 비법이 있다.

'일, 사역, 가정의 균형'을 잡기 위한 몇 가지 내 생각을 함께 나누고자 한다.
균형 10계명이다.

1. 인생의 지혜를 배워야 한다.
나는 사역, 일, 가정 모두 다 잡을 수 없었다. 어느 정도 포기하게 되는 영역이 있었다. 그런데 이걸 다 하는 성도분들, 크리스천 부모님들이 있었다. 정말 존경한다. 대단하다. 그 분들은 드러내지 않고, 자연스럽게 살아낸다. 내가 목회자니까, 함부로 판단하고 가르치려고 해서는 안된다. 그분들에게 인생의 지혜를 배워야 한다.

2. 주님의 지혜를 구하고 믿음으로 선포하자.

내가 할 수 없기에, 가정과 사역과 일의 균형을 맞추려면 주님께서 주시는 지혜가 너무나 절실히 필요하다. 주님 앞에서 까불지 말자. 나는 할 수 없지만, 하나님이 함께 하시기에 할 수 있다고 선포하자.

3. 모르면 질문하자.

일과 육아와 사역의 선배에게 질문하는 건 나의 부족함이 드러나는 것이 아닌 배워야 하는 과정 중 하나이기에 전혀 부끄러운 것이 아니다. 질문하자.

4. 아내에게 잘하자.

이 모든 걸 할 수 있는 건 아내 때문이다. 아내는 나와 아기 때문에 경단녀를 택하였다. 아내에게 잘하자

5. 체력을 기르자.

하기 싫은 이유는, 체력이 떨어졌기 때문에 그럴 가능성이 높다. 체력을 기르자. 운동은 선택이 아닌 필수다.

6. 독서와 큐티는 꾸준히 해야 한다.

애 낳기 전에 독서를 안 했으면 큰일 날 뻔했다. 그 때의 지식 때문에 내가 지금 살고 있는 거다. 그러나, 바쁠 때 독서와 큐티를 놓

치지 말자. 내가 업그레이드되지 않으면, 내게 배우는 학생의 인생을 망칠 수 있다.

7. 무리해서 일을 만들지 말자.

무리하게 강의를 잡으면 시간과 에너지가 분산될 수 밖에 없다. 시간 관리가 되지 않으면 폐해들이 생긴다. 시간 관리의 실패는 인생의 실패요, 시간 관리는 가정과 사역과 일의 균형을 맞출 수 있는 열쇠다.

8. 무조건 실행하자.

내 생각이 쉬는 쪽을 택하려 할 때 무조건 자리에 앉아서 한다. 저스트 두 잇!(just do it!)이다.

9. 반드시 새벽은 온다.

자녀 양육과 겸직 목회를 하는 모든 사역자, 겨울이 지나면 반드시 봄이 오고. 어둠이 지나면 결국엔 새벽이 오지 않겠는가? 힘내자.

10. 정체성은 흔들리지 말자.

나는 하나님께서 부르신 목사이다. 목사로서의 품격과 코람데오의 정신을 잃지 말자. 욕심 보다 손해 보는 쪽을 택하자.

12. 목사라는 걸 드러내야 할까?

강사를 하다 보면 이런 생각을 가끔 한다. 내가 목사라는 걸 드러내야 할까? 아니면 하지 말아야 할까?

사실 목사라는 걸 드러내지 않는 게, 생활하면서 더 유리할 수 있겠다고 생각한다. 목사라고 하면, 소속된 회사나 학교 측 처지에서 보았을 때, 내가 수업 때 무언가 종교적인 이야기를 학교에서 하지 않을까?

그리고, 강사들 사이에서도 "저는 주중에 수업을 하는 강사이고 주말에는 청소년부를 담당하는 목사입니다."라고 말하면. 크리스천 선생님들은 나를 "목회가 안되어 이렇게 강의를 하러 다니는 건가?"라는 편견, 넌 크리스천 선생님들은 종교가 다름으로 오니 편견들이 있지 않을까 하고 나부터가 그렇게 생각하기 때문이다. 드러내지 않으면, 그저 강사로서 똑같은 대접을 받게 될 거고. 편견이 작용하지 않음이 분명하기 때문이다.

그러나, 요즘은 목사라는 걸 일부로 드러내려 하지는 않아도, 은

근히(?) 혹은 물어보면 말씀을 드린다. 몇 가지 이유가 있다.

첫째, 청소년, 청년, 어른들에게 '기독교인의 정체성을 드러내십시오.'라고 설교하면서, 내가 숨기는 게 어폐가 있다고 생각했기 때문이다. 목사는 설교한 대로 살아야 하는 사람이고, 설교 전에 미리 말씀대로 살아야 하는 사람이다.

둘째, 내가 자비량 이중직 목사가 되기로 결정 한 것이라면, 그 부분에 있어서도 떳떳해야 함을 깨달았다. 앞으로 청빙을 받을지 개척을 하게 될지는 모르겠지만. 현재로서는, 예수님을 믿지 않는 다음 세대를 전도해 개척교회를 세우고자 하는 마음이 있다. 그리고 그들에게 헌금을 받아 내 월급으로 사용되기 보다, 내 월급은 내가 강의를 통해 벌고. 그들의 헌금은 지역사회에 가난한 자와 어려움이 있는 곳에 쓰이길 바란다. 그런 분명한 뜻이 있어서 자비량 이중직 목사가 되기로 한 건데, 드러내지 않을 이유가 없다고 생각했다.

셋째, 편견은 '무언가 손해보지 않으려고 하는 내 마음의 꼼수' 였음을 하나님께서 알게 해주셨다. 실제로 사람들과 이야기 하면, 편견을 갖지 않고 대하는 걸 볼 수 있다. 되려, 크리스천 회사 대표님과도 여러 주제로 편하게 이야기 할 수 있게 되었고, 크리스천 진로 선생님들을 만나 더 잘되었던 일도 있었다. 넌 크리스천인 강사분들 또한 내가 목사라는 것을 보기 보다, 한 사람의 당사자로 존중해

주는 모습을 보여줬다. 편견은 내 마음의 문제였다는 것을 알았다.

얼마 전, 수업을 하고 점심을 먹으러 가려던 차에 어떤 강사님이 나에게 "목사님 맞으시죠?"라고 했다. 메신저 사진에 내가 목사라는 걸 밝혀서 그런 듯했다. 그 분과 함께 점심을 먹는데, 자신이 어느 교회에 다니고 있고. 자기도 청소년을 향한 마음이 있어서 강의를 하게 되었다는 이야기를 해 주셨다. 나도 그 분께, 내가 어떻게 강사를 하게 되었는지 앞으로의 비전을 말씀 드리는 시간을 가졌다. 그리고 서로를 기도하겠다고 이야기 한 후, 다시 강의장으로 들어갔다. 짧은 시간이었지만, 하나님께서는 이렇게 중보자들을 붙여주신다.

안 믿는 강사 분들에게도, 이런 저런 이야기를 하다가 내가 목사라는 걸 밝히고. "하시는 일 잘되시길 기도해 드리겠습니다. 힘내세요!"라고 말씀드리면, 싫어하는 분은 없다. 되려, 고마워한다.

때론 손해 볼 때도 있을 거다. 목사이기 때문에 신중하고 조심해야 하는 부분도 분명히 존재한다. 그러나, 편견과 두려움에 사로잡혀 하나님이 원하시는 일을 못하시게 하지 말자. 하나님 아버지의 마음으로, 그들에게 다가가면 그들도 편견 없이 나를 받아줄 것임을 믿는다. 그리고 그 속에 복음이라는 작은 씨앗을 심을 수 있는 기회가 오지 않을까?

13. 나는 프로 의식을 가진 사역자 이자, 강사이다

 사역자이면서, 어쩌다 강사가 되어 강의하다 보니. 이런 생각을 하게 된다.
 "프로 강사이면서 프로 사역자가 되지 않으면 겸직은 어렵다."
사역도 잘해야 하고, 강의도 잘해야 한다는 뜻이다.

 '프로' 뜻을 네이버로 검색하면, 어떤 일을 전문으로 하거나 그런 지식이나 기술을 가진 사람. 또는 직업 선수. 라 명시한다.

 사역자에게 사역의 프로란 없다. 사역자에게 목회란 단순히 먹고 살기 위해 구하는 직업이 아니기 때문이다. 청소년 사역을 13년 동안 해 오고 있지만, 사역이란 건 아직도 어렵고. 멀고도 먼 길이다. 영적 생명을 살리는 일이기 때문이다. 앞으로도 하나님 앞에서 평생 프로가 될 수는 없겠다, 그러나 '하나님 앞에서 제대로 사역하겠습니다.' 라는 코람데오 정신은 프로여야 한다고 생각한다. '하나님 앞에서'를 놓치면 삯꾼 되기 쉬운 게 사역자이기 때문이다.

그런 의미에서 코람데오 정신을 가지고 사역하지 못한다면, 강사로서도 당연히 어렵다고 생각한다. 그렇기에 적당히 해서는 안된다. 강사는 학교 학생들, 콘텐츠를 제공하는 회사, 학교 교사들에게 강의 평가를 받는다. 그렇기에, 사역자이면서 강사가 되었다면 학교나 기업 강의를 더욱 철저하게 준비해야 하고. 미리미리 훈련돼야 하는 부분이 있다. 사역을 핑계로 적당히 해서는 안 된다. 반대로 강의 준비 때문에, 사역의 영역을 적당히 하게 되는 것도 피해야만 한다.

그렇기에, 강사를 준비하는 사역자분들이라면 꼭 두 가지를 미리 준비하고 훈련해서 사역과 강의의 두 마리 토끼를 다 잡는 프로들이 되시길 바란다.

그럼 어느 부분을 훈련하고 준비돼야 할까?

첫째, 관계를 세우는 방법이다.
사역자는, 관계를 잘 맺는 게 가장 중요하다고 본다. 설교를 아무리 잘해도, 학생이나 교사가 나를 싫어하게 되거나, 관계가 좋지 않으면 설교가 잘 들리지 않았던 걸 경험했었기 때문이다. 강사도 마찬가지이다. 처음에 학생들과 관계가 잘 맺어지지 않으면, 강의가 잘 안 들리게 된다. 강의 첫 시간에 아이스 브레이크를 하는 이유가 여기에 있다.

  관계를 잘 맺는다는 건 무엇일까? 소통과 편안함이라고 생각한다. 소통이 되지 않으면, 상대방이 답답하게 느낀다. 관계를 지속하기 어렵다. 설교도 그렇고 강의도 그렇고 일방적으로 혼자 이야기하면 재미가 없고 답답하게 생각한다. 중간중간 생각의 환기할 수 있는 소통이 필요하고, 설교와 강의 모두 편안함 가운데 들어야지 긴장감을 주어서는 안 된다고 생각한다.

  이 두 가지는 '대화의 핵심을 잡는 능력'과 '공감 능력'에 달려 있다. 이 부분을 장착하려면 하나님께서 주시는 지혜와 독서, 상담법, 상대방을 웃게 만드는 법 등에 대해 꾸준히 노력해야만 한다.

  둘째, 가르치는 능력이다.
  설교를 잘하는 것에 대해 다양한 교수님들의 정의가 있다.

  설교 내용 안에서는, 주제가 명확한가? 구조를 잘 구성했는가? 하나님 말씀과 학생의 삶과 잘 연결되어 있는가? 적용이 확실한가? 등이 있을 것이다. 설교 전달 면에서는, 내용 숙지, 언어 사용, 목소리, 몸짓 언어, 결단을 촉구 했는가? 등이 있다.

  이 두 가지를 좀 더 축약해 보자면, 설교 내용 면에는 '하나님 말씀을 현실을 사는 우리의 삶 속에 잘 녹여내었는가'를 보는 것 같고. 설교 전달 면에서는 '가르치는 능력'을 보는 것 같다.

신앙 훈련도 거의 대부분 가르치는 부분이 큰 비중을 차지 한다. 신앙 훈련(성경공부)의 컨텐츠도 중요하지만 그 컨텐츠를 이끌어 가는 사역자의 역할은 결코 무시할 수 없다.

설교, 신앙 훈련, 강의 이 세 가지 모두의 공통점이 드러난다. 바로, '가르치는 능력'이다. '이 내용을 어떻게 전달하고 있는가?'에 관한 부분이다.

내가 설교학 교수도 아니고, 설교를 내 스스로 잘 한다고 생각하지는 않지만. 강의를 잘하기 위해서는, 설교를 잘해야 하고. 설교를 잘하는 사람은 강의 또한 충분히 잘할 수 있다는 건 경험을 통해 분명히 알 수 있다. 청소년들은 집중력이 짧다. 5분 동안 들리지 않으면, 바로 졸아 버린다. 학교도 교회도 동일하다. 그런 친구들을 졸지 않게 50분을 이끌어 간다? 거기에 내용이 기억에 남게 한다면. 그 사람은 어떤 강의를 해도 잘 할 것이라 생각한다.

나는 어쩌다 강사가 되었지만, 혹시 강사가 되고자 하는 사역자 분들이 계시다면. 나의 설교에 대해 스스로 그리고 다른 사람들에게 철저히 피드백을 받기를 권면한다. 나는, 내 설교에 대해 피드백을 해 주는 분들이 있다. 내 자신이 셀프피드백을 하는 건 기본

이지만, 나는 나 자신에게 후한 점수를 주고자 하는 경향이 있기 때문에. 멘토, 아내, 그 외 객관적으로 봐줄 수 있고 신뢰를 하는 몇몇 분께 피드백을 받는다. (모든 설교는 아니다. 특별히 부탁드려야 할 때 이다)

강의에 대한 피드백은? 학생들과 교사들 회사에서 알아서 잘해 주신다. 가차 없이 해준다. 거침없는 피드백에 너무 기분 나빠할 필요가 없다. 좋은 약이 쓴 법이기 때문이다. 프로 강사들도 매일 준비하고 피드백을 받으며 강의 내용과 태도를 업그레이드하는데. 사역자는 더 그래야만 하지 않을까? 하나님 앞에 선 사람 이기에, 하나님이 나에게 더 준비하라고 하는 말씀이라 생각하고, 감사한 마음으로 피드백을 받아들인다.

14. 어쩌다 강사가 된 나의 선택, 정말 맞을까?

내가 한 선택이 정말로 맞을까? 정답은 없다고 생각한다. 세상 모든 일은 그럴 수도 있고 아닐 수도 있기 때문이다. 맞고 틀리고는 내 기준의 답일 뿐이다. 내가 맞다고 생각해도, 누군가는 틀렸다고 말할 수 있고. 내가 잘못 선택한 게 아닐까? 생각해도, 때론 결과론적으로 봤을 때 잘한 선택이기도 하기 때문이다.

왜 나의 선택에 대해 확신하지 못하는 것일까? 대부분 실패에 대한 두려움 때문이다. 주변에 있는 사역자 중, 강사를 하고 싶다고 말하는 분들이 있다. 그러면, 언제든지 도와드린다. 어떻게 해야 하는지, 어떤 걸 준비해야 하는지. 그러나 결국 강사를 하는 분은 소수이다. 하지 않고자 하는 다양한 이유가 있다. 돈을 바로바로 받을 수가 없어서, 자신감이 없어서, 앞에 나섰다가 잘 안될까 봐, 평가를 받는 게 싫어서 등.

모든 사역자가 강사를 하는 게 맞다고 할 수 없다. 하나님께서 각자에게 주신 은사들이 다르기 때문이다. 나는 이 부분을 인정하기에, 최대한 도와드려도 못하겠다고 이야기하면 더 설득하지 않는다. 나도 시험에 도전했다가 실패한 적도 있고, 고백했다가 차인 적도 있기 때문이다. 도전이란 쉽지 않은 것이고, 가보지 않은 길이기에 두려움이 있는 건 당연하다. 그러나 그 신중함과 방해 요소 때문에, 정말 좋은 기회를 놓친다면 어떻게 될까? 나중에 후회하게 될지 누가 알까?

나도 마찬가지이다. 어느 분은, 나에게 가끔 물어본다. "전임 사역을 하셔도 아직 젊으신데, 왜 전임 사역을 하지 않으세요? 전임 사역을 하지 않으면 청빙이 어려우실 텐데. 괜찮으세요?"

맞다. 통상적으로 전임 사역을 하지 않고 파트사역을 오래 하면, 청빙 받기 어려운 게 사실이다. 그 부분을 일찍부터 알았기에, 개척을 함께 준비하는 부분도 있다. 그러나, 남들이 가지 않은 길을 걷는다는 건 때로는 외롭고 지치는 것도 사실이다.

이런 부분 때문에, 선택은 정말 신중해야 하고 중요함을 새삼 깨닫는다. 그리고, 내 힘으로 할 수 없는 일도. 내 뜻대로 되지 않는 삶임을 겸허히 인정하게 된다. 내 선택이 옳을 수 있는 걸 자신할 수 없기에 기도하게 되고, 믿지 않는 영혼들을 향한 하나님의 시선과 마음을 재 확인한다.

내가 결정한 이 선택(이중직 목회자)이 무조건 맞다 자신하지 않는다. 나중에 결과가 나왔을 때, 실패라고 누군가 말할 수 있을 수 있다. 두려운 것도 사실이다. 그러나, 선하신 하나님이 나와 동행하심을 믿고, 결과가 아닌 과정을 보시는 하나님이심을 믿고 움직일 뿐이다.

내 삶에 당연한 건 하나도 없었고, 모든 것이 은혜였다는 찬양의 가사처럼. 내 뜻을 이뤄주셨으면 감사이고, 내 뜻대로 되지 않으면 더욱 감사인 삶. 잘되든 안되든 하나님을 따랐던 욥과 같은 삶을 살고 싶다.

15. 기준 세우기

강사를 하게 되면, 돈 때문에 고민하게 되는 경우들이 있다. 아무래도 프리랜서 직업이기 때문에 오는 고민일 것이다.

첫째, 고정적이지 않은 수입.
기업 강의를 하면 사계절에 영향을 받지 않는다. 그러나, 학교 강의는 다르다. 학교는 방학이 있기 때문이다. 1,2월에 수업이 없고 7월 말부터 8월까지 수업이 없다. 수업이 없다는 건, 수입을 얻기 힘들다는 말과 같다. 한 번은, 미리 준비하지 못해서 카드 리볼빙까지 갈 뻔한 적이 있었다. 다행히 최악의 경우까지 가지는 않았지만, 아직도 그때를 생각하면 등골이 오싹하다. 개미와 베짱이에서 개미가 겨울을 대비하듯, 나도 이 방학 기간을 버티기 위한 수입을 미리미리 준비해야만 한다. 그래서, 강사비를 많이 받은 달에도 모두 쓰지 않고, 따로 저축을 하거나 아껴 쓰게 된다.

전임 사역을 했을 때는, 꼬박꼬박 월급이 들어오고, 지출에 대한 부분은 지혜로운 아내에게 일임했었다. 부끄럽지만 경제개념의 기본도 잘 모르고 사역만 한 것이다. 그러나, 겸직 목회를 하니 하나님께서, 이런 경제개념까지 확실히 알아라! 라고 깨닫게 해주시는 듯 해서 감사한 마음이 있다.

둘째, 수업을 미리 확정했는데, 더 비싼 수업료를 받을 수 있는 수업에 대한 문의를 받을 때.

만약, 여러분들이라면 4시간에 16만 원 수업을 갈 것인가? 아니면, 6시간에 20만 원 수업을 갈 것인가? 시간당 받는 금액을 생각하면 4시간 수업을 가는 게 맞을 것 같으나. 강사들은 4시간 수업보다, 6시간을 하고 수업료를 더 받는 걸 추구하는 편이다. 왜냐하면, 4시간 수업을 하더라도 학교에 오가는 시간도 있고, 수업 후 점심도 사 먹어야 하는 부대비용이 발생하기 때문이다. 그런 면에 있어서 시간당 수업료가 적더라도 6시간 수업을 선호하는 편이다.

이런 경우라면 어떨까? 4시간 짜리 수업 16만 원 수업을 이미 확정했는데 똑같은 일정에 다른 학교에서 6시간 짜리 30만원을 수업료로 주는 수업을 할 수 있게 된다면 어떻게 할 것인가? 확정된 수업을 취소하고픈 마음이 들지 않을까?

이런 상황들이 종종 발생한다. 특히 7월과 12월에는 진로 수업이 많은 때인데. 이럴 때, 4시간짜리를 미리 잡았다가 6시간 짜리 수업이 나오면 아쉬움이 생긴다. '이미 확정한 곳에 미안하다고 이야기 하고, 좀 더 비싼 수업료를 주는 곳으로 변경할까?'라고 하는 고민도 하게 되었다. 어떠한 분은 '프리랜서니까 그냥 미안한 상황이 되었으니, 취소하겠습니다.'라고 말하고 6시간짜리를 하면 안 되냐?'이라고 할 수 있겠다. 사실 나도 처음에는 그렇게 생각했다. 그게 아쉬움을 없앨 수 있는 방법일 테니까.

그러던 어느날 묵상을 하다가 이런 생각을 하게 되었다.

'목사가, 이런 상황들 때문에 고민하는 게 맞을까? 성도분들도 사람과의 관계에서 신뢰를 중요시하는데, 내가 돈 때문에 흔들려야 하는 걸까?'

돈을 따라가면 그럴 수 있겠으나. 크리스천이자 강사라면 달라야 한다는 생각이 들었다. 그래서 이런 문제가 생길 경우 내 마음 속의 기준을 정하기로 했다.

1) 먼저 확정된 수업은 시간과 돈과 상관없이 바꾸지 않는다.
2) 피치 못한 중요한 일이 생겨 어쩔 수 없이 변경해야 할 경우, 관계자에게 진심으로 미안한 마음을 담아 사과하고. 다른 분을 추천할 수 있으면 추천하고 수업을 취소한다.

이게 그리스도인의 품격이겠다는 생각을 했다. 비즈니스도 사역도 결국 신뢰의 문제이고. 돈을 따라가면 신뢰를 잃을 수 있기 때문이다. 아이 셋을 키워야 하는 가장의 입장으로서, 어리석은 결정일 수도 있겠다. 그러나, 신앙의 핵심은 관계이지 않은가? 아내와도 이런 부분을 이야기했을 때, "너무 잘한 결정이고. 지지해요."라고 이야기 해주어서 고마웠다.

기준을 정하고 난 뒤 수업료를 더 받을 수 있는 상황이 왔을 때 아쉬움이 없다고 이야기할 수는 없다. 그러나 이런 상황으로 인한 고민은 더 이상 하지 않게 되었다.

16. 앞으로 이런 길을 걸어가고 싶다.

진로는 '앞으로 살아갈 길'이란 뜻이다. 그런 의미에서 나는 앞으로 이런 길을 걸어가고 싶다.

바로 사업을 통해, 공교육 현장에 많은 크리스찬 강사가 들어가는 것이다.
첫 번째 이유는, 우리나라 학생들을 위함이다.

진로 강의를 가면, 학생들이 종종 이런 대답을 한다. 일 안하고 먹고 살 수 있게 돈 많이 벌고 싶어요. '청소년들이 선호하는 장래 희망 1위, 건물주'라는 신문 기사를 본 적이 있다. 학생들은 자신의 진로 목표를 '돈'을 행복의 기준으로 설정한다. 돈을 버는 것 너무 중요하다. 돈을 벌어 생계를 유지해야 하기 때문이다. 그러나, 돈이 기준이 되면. 인생의 많은 부분들을 놓치거나 가치관이 왜곡될 수 있다.

돈을 기준으로 삼는 사람에게'사랑','헌신','봉사','효도' 등이 중요한 가치라고 이야기하면 과연 들을까? "10억 원을 준다면 죄를 짓고 감옥에 들어가도 괜찮은가?"라는 질문을 학교에서 하면. 30~40% 정도의 학생들이 손을 든다. 사람의 목숨보다 돈이 더 중요하게 생각하는 것이다. 돈이 목적이 아니라 수단이 되면, 사람을 살릴 수 있는데. 그걸 깨닫지 못하는 것이다.

이런 친구들에게 필요한 건 무엇일까? 당연히 복음이다. 그러나, 학교 현장에서 복음을 직접 전하기가 쉽지도 않고, 뜬금없이 복음을 전하면 받아들이지 않는다. 현장에서 강의를 해보니, 두 가지가 필요함을 깨닫게 되었다. 강의 중 성경적 세계관을 가지고 왜곡된 가치관을 바꿔줄 좋은 질문을 학생들에게 던질 수 있는 것. 하나님께서 주신 사랑으로 진심으로 알려주는 강사. 그 강사들에게 배움을 받는 학생들이 많아지길 소망한다.

두 번째 이유는, 개척교회 목사님, 경력이 단절되었는데 가르침의 은사가 있는 분들, 공교육 현장을 알기 원하는 사역자를 위함이다.

1) 주변 개척교회 목사님들이 코로나 시기를 지나며 사람이 오지 않아 사역적으로 힘들고, 헌금이 없어 경제적으로도 힘들어서 생계를 위해 낮에는 배달 기사, 밤에는 대리기사를 시작했다는 말을 듣고 마음이 아팠다. 대리기사나 배달 기사를 해서 마음이 아픈 게 아니었다. 그 직업을 깎아내리고 싶은 마음도 없다. 죄를 짓는 직

업이 아닌 모든 직업은 하나님이 우리에게 주신 것이기에 숭고하기 때문이다.

그러나, 목사는 가르치는 자이다. 말씀을 가르치고, 설교로 목양하는 자인데. 대리기사와 배달 기사는 말씀을 가르치는 것과는 거리가 멀다고 생각했기 때문이다. 이런 생각을 해보았다. "개척교회 목사님들이 가르치는 은사를 활용하면서도, 다음 세대 학생을 만나 복음을 전하고 자신의 공동체로 오게 하는 접점을 만들 수만 있다면 얼마나 좋을까?"

2) 아기를 키우다 경력이 단절된 어떤 사모님께 이런 이야기를 들었다. "이제 다시 회사로 돌아가기에는 너무 늦은 것 같아요. 시대는 너무 빠르고, 경력이 단절되었다 보니 취업도 어렵지만, 막상 취업이 돼도 아이를 키우며 조직 생활을 하는 게 어려운 게 사실이에요"

이분들에게 딱 맞는 직업이 프리랜서 강사라는 생각이 들었다. 실제로 교육회사에 속한 분 중에 30~40대 여성분들이 많다. 아이를 어린이집 혹은 학교에 데려다준 후 강의하러 오는 것이다. 경력이 단절된 분 중에 가르침의 은사가 있는 분들이 많이 오면 좋겠다고 생각했다.

3) 사역자들이 공교육 현장을 알았으면 좋겠다. 학교 강의를 하

고 나서 내가 바뀐 게 있다. 설교의 내용과 스타일이 달라진 것이다. 이 전에는 학생 심방으로 학생들의 삶을 다 이해할 수 있다고 생각했다. 하지만, 그게 아니었다. 학교 현장은 내가 생각한 것 이상의 처참함이 있었다. 욕이 난무하고, 장난 같지 않은 학교폭력, 이성친구와의 스킨십, 스마트폰만 주어지면 쉴 새 없이 하는 게임과 미디어, 통제가 되지 않는 현장. 그 속에서 신앙의 삶을 살아야 하는 기독 학생들은 어떠하겠는가?

그리고, 이런 환경에서 생활하고 있는 넌크리스천 학생이 친구 따라 교회에 왔다고 생각해 보자. 이들이 뭔지도 모르는 성경 구절을 읽고 사울, 여로보암 등 알 수 없는 왕들의 이야기를 하는 설교를 재미있게 듣는 게 과연 가능할까? 학교 강사들은 아이들의 눈과 귀를 사로잡기 위해, 발음을 교정하고. 이론에 맞는 영상을 준비하며, 졸릴만하면 과자를 주거나 게임을 진행하면서 50분의 수업을 끌고 간다. 그런데 현장을 모르는 사역자가 그들의 삶을 이해하지 못하고 설교를 하고 있다면? 뻔하다. 그들에게 설교 평가를 받는다면. 좋은 점수를 받기는 어려울 것이다.

다음 세대 사역자라면, 다음 세대가 있는 현장에 나가서 직접 체험해 봐야 한다고 생각한다. 나는 이분들이 학교 현장으로 연결될 수 있는 링크 역할을 하고 싶다.

목회자가 굳이 사업을 해야 하는가?

목회자가 꼭 해야 하는 건 아니지만, 사업이 필요하다면 해야 한다고 생각한다. 이 교육사업 자체가 복음적 메시지를 담고 있으며 이로부터 얻어진 이윤을 함께하는 강사들과 사역을 위해 쓰이는 구조를 만들고 싶다.

하나님께서 나의 계획을 선하게 생각해 주신다면 이뤄주시리라 믿는다. 아니어도 괜찮다. 이 사업이 하나님의 뜻이 아니어서, 주님이 앞길을 막으시면 즉시 순종하고 내려놓을 생각이다. 지금까지 목회하면서, 내 뜻대로 다 된 적이 없이 하나님의 은혜로 살아왔고. 어쩌다 강사가 되어 교육사업에 대한 마음을 품게 하신 것도, 내 인생의 계획 속에는 없었기 때문이다. 잘되면 감사이고, 안되면 더욱 감사라는 마음으로 이 길을 걸어가려 한다.

홍순혁 목사 ————————————————————

現) 예수믿는교회 담임목사

現) 라이프코칭랩 대표

前) 분당 지구촌교회 대학지구 전도사

1. 첫 강의

인천의 어느 고등학교였다. 설레고 떨리는 마음 가득 첫 교실 문을 열었다. 학생들은 여태껏 많은 강사들을 만나왔을 테지만, 여전히 첫 만남을 어색해하는 눈치였다. 나 또한 두렵고 조심스러운 마음이었지만, 들키고 싶지 않았다. 마치 군대에서 첫 자대배치를 받은 날 선임들 앞에서 자기소개 하듯 학생들 앞에 섰다. 자신 없지만, 자신 있는 척 목소리 높여 소개했다. 학생들은 박수로 나를 반겨줬고, 첫 강의가 시작됐다.

창의 수업이었다. 완성되지 않은 그림을 주어, 제한 없이 자유롭게 상상하며 그림을 완성하도록 했다, 그리고 변화가 필요한 상황을 주어 팀원들과 함께 해결점을 찾도록 했다. 창의 수업은 이렇게 학생들의 생각을 자극시켜 주고, 기발한 아이디어를 꺼내도록 돕는 수업이다. 이러한 수업을 진행할 때 강사는 학생들이 서로 존중하는 태도로, 어떤 생각이든 어떤 의견이든 수용할 수 있도록 이끌어야 한다. 엉뚱한 생각이란 건 없다. 버릴만한 의견은 없다. 어떤 의견이든, 해결하는 데 도움이 된다.

학생들은 이런 수업에 익숙하지 않다. 늘 정해진 답을 찾는 수업을 받아왔다. 누가 더 빨리 정답을 찾아내고, 어떻게 효율적으로 정답에 이를까 고민하며 자라간다. 정답에서 벗어나면 부끄러운 거다. 틀리면 부족하고 모자란 사람이 된다. 그렇게, 비교가 시작된다.

그러다 보니 학생들은 엉뚱한 생각을 하는 게 어렵다. 창의적인 생각을 꺼내는 게 어렵다. 내게 정답을 묻고, 정답을 말해주길 바란다. 창의에 정답은 없는데도 말이다. 다만 이러한 창의 수업 때 학생들의 생각을 안전한 곳으로 인도할 필요는 있다.

한나(가명)라는 친구가 있었다. 첫 수업이니 무탈하게, 평범하게 잘 마치길 바랐건만, 한나가 자꾸 나를 당황스럽게 했다. 쉬는 시간에 나 몰래 판서를 고쳐 성적인 그림을 그려놓고, 수업 중간에 친구들에게 음탕한 이야기를 하며 분위기를 흩트려 놓기도 했다. 어떻게 대처해야 할지 몰라 한나의 말에 웃어넘기기도 하고, 못 들은 척하며 수업을 진행하기도 했다. 수업을 자꾸 방해하는 것 같아 한나가 조금 원망스럽기도 하고, 전문가처럼 잘 대처하고 이끌지 못해서 속도 상했다. 한나는 내가 제지하지 않으니까 더 열심히(?) 농담을 했다. 사실 가장 속상했던 부분은, 이름이 '한나'니까, 교회를 다니는 친구일 것 같았다. 아니면 부모님께서 신앙생활하시는 것이 분명해 보였다. 그런데 한나는 학교에서 거칠고 음란하며, 친구들을 괴롭게 했다. 혹시 한나가 교회를 다니고 있을까 봐 걱정(?)

이 됐다. 교회에서의 모습과 사회에서의 모습이 다른 사람이 한나 뿐일까. 씁쓸했다.

　그렇게 절절매며, 6시간을 보냈다. 마지막 6교시 수업이 끝났음을 알리는 종이 울렸다. 그 종소리가 마치 수고한 내게 들려주는 격려곡, 위로곡, 축하곡 같았다. 학생들은 마지막 종소리와 동시에 분주하게 집에 갈 채비를 했다. 나도 노트북을 챙기고 칠판을 닦았다. 긴장이 풀리기 시작했다. 모든 정리를 마치고 나가려는데, 학생들이 길을 막고 섰다.

　"선생님 수업 너무 재밌었어요. 또 와주세요" 어떻게 6시간이 지나갔는지 모르게 당황의 연속이었는데, 너무 다행이었다. 학생들 마음에 들었나 보다. 안도하고 있는데 또 다른 학생, 익숙한 목소리가 들렸다. "선생님 인스타그램 아이디 알려주세요." 나를 난처하게 하고, 당황스럽게 했던 한나였다.

　강사 원칙 중 하나가 연락처 혹은 SNS 아이디를 알려줘선 안 된다는 것이다. 그래서 미안하지만, 알려줄 수 없다며 거절했다. 한나는 적극적으로 내 길을 막아섰다. "알려주지 않으시면 못 나가요."

　다른 사람이 아닌 '한나'가 이렇게 적극적으로 물어보다니 의외였다. 그리고 길을 막아선 다른 학생들의 눈을 보니 정말로 길을 비켜줄 거 같지 않았다. 학생들에게 다시 원칙을 설명했다. 그러고는 오늘만 어쩔 수 없이 공개하겠다고 하고 한나에게 가장 먼저 알려줬다. 내 인스타그램에 들어오면 가장 먼저 보이는 프로필에 '예수믿는교회 목사'가 보인다. 한나는 내 프로필을 보더니 눈이 두 배쯤 커졌다. 그리고 내게 물었다.

"선생님 목사예요?!"

"응. 선생님 목사야. 한나도 교회 다니지? 말 좀 예쁘게 해."

한나의 얼굴이 빨갛게 달아올랐다. 그리고 그 뒤로 말을 잇지 못했다. 짧은 순간 여러 생각을 하는 듯 보였다. 나는 한나에게 미소를 머금고 눈인사를 건넸고, 이내 교실을 나왔다.

차에 앉아 시동을 걸었다. 잠시 숨을 돌리며 눈을 감았다.

하나님께서 내게 학교로 보내신 이유가 있는 것 같았다.

2. 교실은 춥다

　강의가 한창 바쁠 때였다. 새벽 5시쯤 학교 이름과 강의 주제만 확인하고 급히 집을 나섰다. 약 두 시간 반을 달려 도착해 숨을 고르고 있었다. 번뜩 생각나 QT 책을 펼치고, 여유 없이 성경을 읽어 나갔다. 배고픈 아이가 식사기도 하듯 기도를 마치고 시계를 보니 모임 시간까지 약간 여유가 있었다. 그제야 강의하게 될 학교를 검색해 봤다. 오 주님..! 남중이다. 남중과 남고가 강의하기에는 마음이 편하고 좋지만, 심호흡을 충분히 하고 들어갈 필요는 있다(ㅎㅎ). 약간의 긴장감을 가지고, 학교 혹은 학생들에 대해 검색해 봤다. 유튜브나 인스타그램, 네이버 지식인 등을 살폈다. 이렇게 얻은 정보는 라포(rapport)를 형성하는 데 요긴하게 쓰인다. 바쁘게 손을 움직이고 있는데, 저 멀리 인기척이 느껴진다. 학생들이 등교하기 시작했다. 나도 가야 할 시간이다. 옷매무새를 고치고 강사 대기실로 향했다.

　대기실에서 차 한 잔 마시니 곧 종이 울렸다. 배정받은 교실에 들어가니 열 명쯤 앉아 있다. 불안하게 자리가 텅텅 비어 있다. 한 학생에게 물어보니, 다른 반에 가 있거나 어디에 갔는지 모른단다. 이렇게 활발하고 활동적인 친구들이 모인 '남중'이라니. 오늘 6시간 강의인데 기(氣) 다 뺏기게 생겼다.

오늘은 메타버스 강의다. 메타버스 플랫폼이 무엇이 있고, 메타버스가 앞으로 어떤 변화를 불러올 것인지 나누는 시간이다. 메타버스 강의는 활동이 많아서 학생들에게 인기가 좋다. 다만, 활동하다 보니 학생들이 자율적으로 움직일 수 있어서, 내 눈에 다 들어오지 않는다. 학교는 강사에게 학생들을 위임했고, 강사는 주어진 시간에 맡은 학생을 책임 있게 돌볼 필요가 있다. 그래서 오늘같이 자율적으로 강의를 진행하는 날에는 긴장하게 된다.

4교시쯤이었다. 4교시를 마치면 점심시간이기 때문에, 학생들의 마음이 점점 풀어지기 시작한다. 점심시간에는 나도 충분히 쉴 수 있기 때문에 4교시는 모두에게 기분 좋은 시간이다. 그런데 웬걸 한쪽에서 언성이 높아지는 게 들린다. 두 학생이 서로를 무섭게 노려보며 욕을 하고 있었다. 얼른 학생들에게 다가가 한 명씩 팔을 붙들고 멈추라고 이야기했지만, 내 말을 듣지 않았다. 나는 두 학생이 서로 얼굴을 보지 못하도록 가운데 섰다. 그리고 두 친구를 뒤로 물러서게 했다. 때마침 점심시간을 알리는 종이 쳤다. 싸우던 한 친구가 씩씩거리며 교실 문을 나섰다. 남아있는 학생도 곧 자리를 정비하더니 교실 문을 나섰다. 긴장이 풀리면서 돌아보니 몇몇 학생들이 내 곁에 함께 있어줬다. 학생들에게 자초지종을 물었다. 두 친구는 며칠 전 다퉜는데 아직 안 풀린 상태라고 했다. 싸우지 않도록 잘 말려달라고 부탁하며 식사 장소로 이동했다.

보통 강사들에게는 도시락을 주문해 주거나 학교 근처에서 식사한다. 그런데 오늘은 학교 급식이다. 학생들은 학교 급식을 지독히도 싫어하지만, 급식이 제일 맛있다. 학교 다닐 때는 몰랐는데, 급하게 편의점 도시락이나, 조미료 잔뜩 들어간 식당 밥을 자주 먹다 보니, 영양사님의 고민과 정성이 들어간 급식이 너무 맛있다. 오전에 있었던 일은 잠시 잊고 급식을 충분히 즐겼다.

다시 곧 5교시가 시작된다. 오전 일로 발걸음이 무겁다. 그렇게 교실 문을 들어섰는데, 오전에 싸웠던 친구 중 한 명이 자리에 앉아 주먹을 쥐고 있었다. 가까이 가서 보니 커터 칼을 들고 중얼거리고 있었다. 급히 민기(가명) 옆자리에 앉았다.

"민기야, 너 지금 화 많이 났구나? 칼은 왜 들고 있어"
민기는 대답 대신 나를 쳐다보았다. 화가 치밀어 올라 어찌할 바를 모르고 있는 눈치였다.
"민기야 너 칼을 들 만큼 화날 일이 있었구나. 진우(가명)랑 안 좋은 일이 있었구나"
"민기야 선생님 말 잘 들어. 어떤 일을 하든지. 화가 났을 때 결정하면 안 돼"

"민기야 감정에 지배됐을 때는 어떤 결정도, 어떤 행동도 해선 안 돼. "

얼마나 화가 났으면 민기가 칼을 들었을까. 얼마나 억울하고 분했으면 민기가 칼을 들었을까. 걱정스럽고 안타까운 마음에 민기의 팔을 붙잡고, 조심스럽게 말을 건넸다.

칼을 움켜쥐고 있던 민기의 팔에 힘이 점점 풀리는 게 느껴졌다.
"민기야 잘했어. 선생님 믿어줘서 고마워. 너 지금 너무 잘했어."
민기는 칼을 내려놓았고, 눈에 눈물이 고였다.
"선생님, 진우가 먼저 저를 괴롭혔어요. 자꾸 저를 건드렸어요"
그렇게 민기의 마음을 듣다 보니 수업을 알리는 종이 울렸다.

그날 남은 수업을 어떻게 끝냈는지 기억나지 않는다.
담당 선생님에게 두 학생이 다퉜다는 것을 알린 것만 기억난다.
민기와 진우. 별일 없겠지.

보통 한 반에 22~25명이 있다. 그곳은 하나의 사회다. 다양한 사람이 모여 있다 보니 늘 긴장의 연속이다. 그래서 그런가. 교실은 좀 춥다. 살얼음판 위에 있는 것 같다. 언제 어떤 일이 벌어질지 모르게 크고 작은 일들이 끊임없이 일어난다. 교실이 춥다. 교실을 따뜻하게 녹여줄 사람. 교실을 따뜻하게 안아줄 사람들이 필요하다. 더 많은 사람이 학생들에게 관심을 가졌으면 좋겠다. 더 구체적으로, 더 효과적으로 학생들을 도울 사람들이 더 많아졌으면 좋겠다.

학생은
우리 다음 세대니까.
학생은
우리 미래니까.

3. 너무 많은 사람이 스쳐 지나간다

분당에 있는 지구촌교회(침례교)를 섬겼었다. 대학부 학생으로 3년, 인턴 전도사로 1년, 교육전도사로 2년, 풀타임 전도사로 4년. 총 10년이다. 지구촌교회는 2만여 명의 성도가 모인다. 나는 이곳에서 '사람'을 배웠다. 다양한 사람, 다양한 사례, 다양한 상황을 맞이하며, 많은 배움과 성장을 했다. 목회란, 하나님께서 맡기신 '사람'을 목양하는 것이기에, 하나님께서 나를 '사람'을 공부하도록 이끄신 것 같다.

어느 여름. 지구촌교회 대학 청년들과 지방에 있는 교회를 방문했다. 여름 사역을 위해서였다. 3박 4일간 교회를 보수하고, 시골 아이들을 위해 진로 멘토링을 하고, 노방전도도 했다. 3박 4일 일정을 모두 마치고, 분당으로 돌아오는 주일 점심시간이었다. 교회 어른들께서 무더운 여름 귀한 섬김에 감사하다며 보쌈을 직접 만들어 준비해 주셨다. 식당에 들어서니, 우리의 지친 몸을 회복시켜 줄 보쌈과 김치 향기(?)가 우리를 반겨 주었다.

식사 자리에 앉았다. 내 맞은편에는 방문한 교회 원로 목사님이 앉으셨고, 그 옆에는 담임목사님, 그 옆에는 권사님 두 분과 장로님이 앉으셨다. 이 자리가 부담스러웠는지 내 옆에는 아무도 앉으려 하지 않았다. (ㅎㅎ) 원로 목사님의 식사 기도로, 드디어 식사를 시작했다.

원로 목사님은 나를 보시며, 자신의 젊을 때가 떠오른다고 하셨다. 잠시 생각에 잠긴 듯 고개가 기울어지셨다. 곧이어 목사님 입가에 미소가 번졌고, 방금 떠올리신 장면을 나눠주셨다.

원로 목사님은 꽤 젊은 나이에 교회를 개척하셨다. 옆에 앉으신 권사님이 중학생쯤 됐을 때 교회 건물이 완공됐다고 하셨다. 시간이 지나 권사님은 대학생이 됐고, 서울로 올라갔다. 몇 해가 지났을까. 권사님은 어느 듬직한 남자 하나 데리고 다시 이곳으로 내려와, 곧 결혼했다고 하셨다. 권사님의 러브스토리가 흥미진진하게 전해지고 있는데, 갑자기 권사님이 급히 누군가에게 손짓했다. 뒤를 돌아보니 어떤 자매가 이쪽을 바라보고 서 있었다. 권사님이 말했다. "얘가 제 딸이에요. 벌써 이만큼 커서 서울로 대학을 갔답니다." 나는 반갑게 인사를 건넸다.

추석에 모인 가족처럼, 추억에 잠겨 모두가 즐기고 있었다. 권사님이 어릴 때 집 나간 이야기. 장로님이 불장난하다가 산을 모두

태울 뻔한 이야기, 성도들이 교회 청소하다가 고생한 이야기 등 가족 같은 교회가 아니라 가족이었다. 교회 안에 한 사람의 인생. 그리고 그 인생이 모여 함께 삶을 이룬 이야기가 너무 아름다웠다. 듣는 내내, 너무 부러웠다. 이곳은 교회면서 동시에 가족이었다. 서로의 삶을 알고, 서로를 위하고, 서로를 사랑하며, 서로를 환대하는, 거룩한 교회였다. 내 마음에 강한 울림이 왔다. 목회란. 교회란. 바로 이런 게 아닐까. 생각했다.

깊은 아쉬움을 남기고, 우리는 다시 분당으로 돌아왔다. 지구촌교회는 수많은 교육과 훈련 그리고 전도 등 다양한 사역으로 정신없이 바쁘다. 여름날 지방의 교회를 잊고 일상으로 돌아왔다. 이전처럼, 수많은 사람을 만났고, 수많은 사람과 헤어졌다. 여름 사역을 마치고, 꽤 시간이 흘렀다. 문득 어느 여름날 만났던 지방의 그 교회가 생각났다. 깊이 있게 서로를 알고, 이해하고, 사랑하며, 환대하는 교회. 그때 그 원로 목사님처럼, 그때 그 교회처럼. 목회하고 싶은 생각이 들었다. 자연스럽게 교회 개척에 대해 생각하게 됐고, 내 마음이 움직이기 시작했다.

그로부터 몇 년 뒤 나는 교회를 개척했다. 주중에는 학교. 주말에는 교회. 이렇게 지낸 지 어느덧 4년 차다. 현재 교회 성도는 열 명쯤 모이는데, 너무 행복하다. 이들과 함께 늙어갈 생각을 하니 마음이 넉넉해진다. 성도들이 사랑스럽고, 너무나 소중하다. 내가 꿈꾸던 목회다.

　어떤 사람들은 성도가 10명밖에 없으니 얼른 전도해서 인원을 늘려야 한다고 조언한다. 그런데 내게 숫자는 중요하지 않다. '인원' 말고, '숫자' 말고, '사람'에게 집중하고 싶다. 그저 하나님께서 보내주신 양을 잘 섬기고 사랑하고 싶다. 주께서 내게 한 명을 맡기시든, 백 명을 맡기시든, 중요한 것은 '사람'이라 생각한다. '한 사람', '한 사람' 깊이 있게 교제하고, 진심으로 사랑하며, 함께 세상을 이기고 싶다.

　이러한 생각으로 개척을 한 나는 요즘 약간 혼란스럽다. 내 주중 삶을 돌아보면, 매일 만나는 학생들이 다르고, 거의 매일 다른 지역으로 강의하러 간다. 즉, 또다시 수많은 사람이 내게서 스쳐 지나가고 있다. 짧고 얕은 만남으로는 '교제'할 수 없고, '관계'될 수 없으며, 궁극적으로 '사귐'(요한1서 1:3)으로 나아갈 수 없다. 일시적 만남으로는 의미 있는 만남으로 이어지기 어렵다. 그래서 인원이 많이 모인 교회를 나왔건만, 또다시 수많은 사람이 스쳐 지나가고 있다. 회귀한 것이다.

　하나님은 왜 나를 이렇게 인도하고 계신 걸까
　하나님은 나를 어떻게 빚으시려는 걸까
　하나님은 나를 어떻게 쓰길 원하시는 걸까

하나님은 왜 이렇게 많은 사람을 만나게 하시는 걸까

이 소중한 학생들. 우리의 다음 세대. 우리의 소망.
이 귀한 존재들을 왜 이렇게 많이 경험하게 하시는 걸까
의문의 조각들을 하나둘 모으다 보면,
어느 시점엔가 하나님께서 그리시는 작품이 뭔지 알게 되겠지?

4. 울어도 괜찮아

학습에 수면은 굉장히 중요하다. 상위권 학생들의 수면 질이 높다는 논문을 쉽게 찾아볼 수 있다. 세계 수면학회에서는 청소년이 8.5시간 이상 자야 한다고 말한다. 한국에 적용하기에는 무리겠지만, 가능하면 수면시간을 늘릴 필요가 있다.

여러 강의를 다니며 학생들의 수면을 살펴봤다. 간단하게 몇 시에 잠드는지 확인해 봤다. 11~12시 10%. 12~1시 40%, 1~2시 30%, 2~3시 10%. 3시 이후 10%. 내가 만난 학생들의 종합 의견이다.

남고에 갔다. 학습코칭 강의였다. 공부를 위해서는 수면이 중요하기에, 학생들에게 물었다.

"여러분, 몇 시쯤 잠들어요?"

그런데 어느 학생이 즐거운 표정으로 손을 든다.

"선생님! 저는 잠을 안 자요."

"잠을 안 잔다니?? 밤을 새워서 학교에 온다는 거야~??"

즐거운 표정으로 웃으며 말했다. "네!"

"그럼, 언제 자?"

"학교에서요"

자랑 섞인 말투였기에 주목을 받기 위해 한 말인 줄 알았다.

쉬는 시간이었다. 밤을 새워서 학교에 오는 친구가 내게 왔다. 무언가 하고 싶은 말이 있어 보였는데, 주저하는 것 같아 먼저 말을 걸었다.

"잠을 안 자는 이유가 있어?"

"잠이 안 와요."

명진(가명)이는 옅은 미소를 짓고 있었는데, 약간의 씁쓸한 표정이 보였다.

"명진이 걱정되는 일이 있구나. 최근에 스트레스 받을 만한 일이 좀 있었던 것 같은데?"

명진이는 부끄러운 듯한 표정을 지었다. 그러고 보니 명진이 어깨가 유난히 처져 보였다.

"명진아. 너무 걱정하지 마. 괜찮아. 무슨 일이든 다 지나갈 거야. 좋은 일이 생길 거야. 괜찮아."

진심으로 걱정스러워 건넨 말이 와 닿았나 보다. 명진이 눈에 눈물이 고였다.

"명진이 정말 힘들구나. 명진아. 울어도 돼. 우는 게 잘하는 거야"

친구들이 보고 있는 게 신경 쓰였는지 눈치를 보며 눈물을 참았다.

학생들은 친구들이 모인 곳에서 우는 게 쉽지 않다. 친구가 어떻게 생각할지 염려되기 때문이다. 또한, 꽤 오랜 시간 놀림감이 될 수도 있다는 생각이, 감정을 방해하기도 한다.

우는 건 잘하는 거다. 타인 때문에 감정을 억누를 필요 없다. '다른 사람이 어떻게 생각할까'하는 생각보다, 내 마음의 소리를 들어주는 게 우선이다. 당연한 말이지만, 울고 싶으면 울어야 한다. 눈물은 메마른 마음의 단비와 같다. 눈물이 흐르려 한다면, 굳은 마음이 편안해질 기회가 찾아온 것이다. 눈물이 날 것 같으면, 지친 마음이 회복되기 시작했다는 의미다. 그러니 우는 게 잘하는 거다. 울어야 마음이 씻기고, 울어야 마음이 시원해진다. 울어야 자유로워진다.

가끔 강의하다 보면, 이렇게 학생의 마음이 건드려지는 경우가 있다. 의도한 것은 아닌데, 때로 학생들이 울컥하는 경우가 있다. 그런 경우 더 긴 시간, 더 장기간 학생을 만나고 싶다. 깊은 이야기를 들어주고, 힘이 돼 주고, 또 가능하다면 솔루션을 제공해 주고 싶다. 그런데 내 신분상, 내 위치상 그럴 수 없다. 나는 단 하루, 정해진 시간과 정해진 내용을 전하고 와야만 한다. 내 임무는 정해져 있다.

그러나 다행인 것은, 하나님이 계신다는 것이다. 나는 할 수 없지만, 하나님은 하실 수 있다. 그러니 학생을 하나님께 맡겨 드린다. 선하신 하나님께서 명진이의 마음을 만져 주시리라 믿는다. 그리고 명진이뿐 아니라 마음의 어려움 중에 있는 학생들, 현실적인 어려움 중에 있는 학생들을 살피실 줄 믿는다. 하나님께서 우리의 다음 세대, 하나님의 자녀인 청소년들을 보호하시고, 축복하실 줄 믿는다.

우리는 학교를 벗어나 성인이 되고, 직장인이 되면 눈물이 더 마른다. 혹시 지금 이 글을 읽는 여러분은 어떤가.

울어도 괜찮다.
우는 게 잘하는 거다.
마음 소리에 귀기울여보자.

5. 후회

무더운 여름이었다. 출강 사전 공지 사항에 세미 정장을 입고 오라며 강조했다. 복장을 저렇게 강조하는 것을 보니 특별한 이유가 있겠구나 싶어 정장 차림으로 학교를 향했다. 차량 에어컨 온도를 최대한 낮췄는데도, 습한 날씨 탓인지 더위가 가시지 않았다.

학교에 도착해보니 강사 중에 정장을 입고 온 사람이 아무도 없었다. 심지어 세미 정장 차림도 없었다. 편하게 셔츠를 입고 오거나, 반소매 카라티를 입은 사람도 있었다. 공지 사항을 잘못 읽었나 싶어 다시 살펴봤는데, 분명히 세미 정장 차림이어야 한다고 쓰여 있었다. 그때 대표님이 강사님들을 한번 쭉 훑어보더니 나를 보고는 내게 걸어왔다. 공지 사항대로 이행한 부분에 대해 칭찬하려나 싶은 생각이 들었다. 내 앞에 선 대표님이 말했다.
"강사님!, 이렇게까지 안 입으셔도 돼요."
뒤통수를 맞은 기분이란 게 바로 이런 걸까. 민망하기도 하고, 억울한 마음도 들었다.

의욕 넘치는 신입 보험설계사 복장을 하고는 또각또각 소리를 내며 교실 문을 향했다. 날이 무척 더워서 등줄기에는 땀이 흐르고 있었다.

수업은 진로 관련한 수업이었다. 특성화고등학교였는데 학생들에게는 중요한 수업이었다. 졸업 후 대학을 간다면 어느 대학을 갈지 결정하고, 졸업 후 취업한다면 어느 회사를 갈지 결정하는 시간이었다. 한 사람의 인생에 대해 조언하고, 길을 제시하는 시간이기에, 어느 때보다 진지하게 강의하고 있었다.

진로 관련해서 몇 가지 중요한 사항에 대해 칠판에 기록하고 있었다. 그런데 뒤에서 이상한 낌새가 들었다. 누군가 웃는 것 같기도 했다. 뒤돌아보니 햇빛이 내 눈을 가렸다. 창문을 봤더니 커튼이 쳐져 있다. 이상하다. 빛이 새어 나올 곳이 없어 보였다. 자리를 옮겨 칠판에 글을 써 내려갔다. 또다시 이상한 낌새가 느껴졌고, 웃는 소리가 들렸다. 순간적으로 뒤를 돌아보니 창가에 앉은 학생이 거울을 이용해 나에게 빛을 쏘고 있었다.

순간 화가 치밀어 올랐다. 빛을 쏘던 학생을 노려보았다. 다른 학생들은 웃음기가 사라졌고, 이내 조용해졌다. 5초쯤 시간이 흘렀을까. 뭐라고 말하는 게 좋을지 생각하며 학생을 계속 보고 있었다. 그 학생은 민망한 듯 시선을 다른 데 뒀다. 얼마나 무례한 행동이었는지에 대해 말하고 싶었지만 참았다. 괜히 한마디 했다가 남은 수업 시간 내내 어색하고 불편한 기운이 감돌 것 같았다. 마음을 가다듬기 위해 시선을 돌렸는데, 교실 문이 보였다. 집에 가고 싶은 생각이 들었다. 아직 수업을 마치려면 2교시나 남았다.

다시 PPT를 열었다. 적성에 맞는 직업을 찾을 수 있는 사이트를 알려줬다. 학생 스스로 직접 찾아봐야 하는 시간이니, 분위기를 전환하기에 좋겠다는 생각이 들었다. 학생들은, 이전보다 더 열심히 참여했다. 불편한 내 감정을 풀어주려는 것 같았다. 또 어떤 친구는 이 불편한 상황을 회피하고 싶었던 것 같다. 어떤 이유에서든 다시 자신의 진로에 대해 생각하기 시작했으니 다행이었다.

수업 중에 학생 스스로 해내야 하는 시간이어도, 강사는 교실 이곳저곳을 다니며 도움을 줘야 한다. 나는 기분이 적잖이 상했는지, 학생들이 알아서 하도록 두고 싶었다. 하지만 이놈의 책임감 때문에 불편한 마음을 감추고 이곳저곳 다니며 살폈다. 그러다가 내게 거울로 빛을 쏜 친구 앞에 섰다. 풀이 죽은 채 억지로 검색하고 있었다. 나는 아무렇지 않은 척 도움을 줬다. 마침 쉬는 시간을 알리는 종이 울렸다.

다들 교실 밖을 벗어나는데 내게 빛을 쏜 친구는 엎드려 잠을 청했다. 10분이 지나 수업 시작을 알리는 종이 울렸다. 그 학생은 일어나지 않았다. 마음이 불편했던 모양이다. 강의 중에 잠을 자는 학생은 깨워야 한다. 다만 지속해서 깨워선 안 된다. (자는 학생을 깨웠다가 돌발 상황이 생기는 경우가 종종 있기 때문이다.) 이 학생은 일어나고 싶지 않은지 수업을 모두 마칠 때까지 계속 엎드려 있었다.

드디어 수업을 모두 마쳤다. 스트레스 때문인지 피곤이 몰려왔다. 얼른 자리를 정리하고 교실 문을 나섰다. 차에 시동을 켜고 앉았다. 내게 빛을 쏜 학생이 풀이 죽은 채 핸드폰을 보던 장면이 떠올랐다. 어른인 내가 좀 너그럽게 받았어야 했나 싶은 생각이 들었다. 곱씹을수록 미안한 마음이 들었다.

그때 내 마음에 좀 여유가 있었으면 어땠을까.
후회된다. 좀 장난으로 받고 넘어갈걸.

6. 이번 주에 내가 가장 잘한 일

학교에서 강의 의뢰가 오면, 보통은 '공부'가 주목적이다.

"학생들이 꿈을 갖고 공부에 전념할 수 있도록 강의해 주세요."

"학생들이 자신에 대해 이해하게 되면서 공부에 전념할 수 있도록 강의해 주세요."

"학생들이 앞으로 사회변화를 대비하면서 공부에 전념할 수 있도록 강의해 주세요."

결국 학생들이 공부에 몰두하게 하는 게 목적이다.

물론 학생의 본분은 공부다. 학생으로서 최선을 다해야 하는 것은 공부가 맞다. 학생에게 공부가 유익하다. 공부를 통해 단순히 지식만을 쌓는 게 아니라, 인생의 지혜도 얻을 수 있다. 공부하는 과정에서 끈기와 인내를 습득하게 되고, 더 나아가 성취감을 얻을 수 있다. 또한 친구들과 공부에 대해 대화하며 상호작용 하게 되고, 사회성을 기르게 된다. 학생으로서 공부를 통해 얻는 것이 이뿐일까. 공부의 유익에 대해 나눌 것은 많다.

그런데 염려되는 부분이 있다. 이렇게 공부에 몰두하다가 놓치는 것이 있다. 학생들의 몸과 마음의 건강이다. 때로 공부에 몰두하느라 다른 것을 포기하게 되는데, 그중 가장 먼저 포기하는 게 건강이다.

성장하는 시기에 학생들에게 수면은 정말 중요한 부분인데, 잠을 거른다. 자라나는 학생들에게 풍부하고 균형된 식사 습관이 중요한데, 식사도 간소화한다. 또한 학생들에게 운동이 필요한 시기인데, 운동을 거의 하지 않는다. 그리고 내면의 건강을 위해 믿을 만한 사람과의 대화를 자주 하며 환기하는 시간이 필요한데, 이 또한 포기한다.

학생들에게 공부만큼, 성공하는 것만큼 중요한 것이 튼튼한 마음, 튼튼한 몸이다. 우리 학생들이 효과적인 공부법뿐 아니라 자기 몸을 건강하게 다룰 줄 아는 법을 배웠으면 좋겠다.

어느 중학교였다. 자기주도학습 관련해 강의하고 있었다. 학생들에게 물었다.

"여러분, 우리 이번 한주 돌아볼까요? 지난 한 주 동안 여러분 스스로 생각하기에 가장 잘한 일이라고 생각되는 게 뭐예요? 포스트 잇에 써봅시다!"

어떤 학생은 기분 좋게 마라탕 먹은 것을 적었고, 어떤 학생은 입가에 미소를 띠며 게임에서 이긴 것을 적었다. 어떤 유쾌한 친구는 쾌변을 꼽았다ㅎㅎ. 즐거운 마음으로 이곳저곳을 다니며 학생들의 재치에 감탄하고 있었다. 이번에는 맨 왼쪽 구석에 자리 잡은 학생에게 갔다. 그런데 학생이 포스트잇을 가린다.

"나한테 보여주고 싶지 않구나~?"

상호(가명)는 포스트잇을 더 철저히 가렸다. 궁금했지만 존중하고 지나쳤다.

쉬는 시간이었다. 상호가 내게 왔다. 그리고 주변 눈치를 보며 포스트잇을 보여줬다. 포스트잇에는 이렇게 쓰여 있었다.

"자해하지 않은 것"

순간적으로 여러 생각이 들어 포스트잇에서 눈을 떼지 못하고 있었다. 그리고 늦지 않게 상호를 봤다. 상호는 쓴웃음 지으며 나를 보고 있었다. 잘했다며 안아주고 싶고, 좀 더 건더 달라 말하고 싶고, 기도해 주고 싶었지만 그럴 수 없었다.

"상호야. 잘했어. 상호야. 정말 잘했어. 상호야. 진짜 잘했어."

얼마나 괴로운 일이 있는 걸까. 얼마나 힘들고 외로우면 처음 보는 내게 자신을 드러냈을까.

이후 수업을 모두 마쳤다. 집으로 가기 위해 노트북 챙기고 칠판을 지웠다. 학생들에게 인사하고 교실 문밖을 나왔는데 상호가 교실 밖까지 따라와 내게 인사를 건넸다. 아쉽고 안타까운 마음 담아 천천히 말했다.

"상호야 잘 지내. 아프지 말고"
그리고는 무거운 발걸음을 옮겼다.

내가 복도 끝 코너를 돌 때까지 상호는 거기 서 있었다

요즘도 종종 그 헤어짐이 생각난다.
날이 추워지는데 상호는 잘 있을까?

7. 첫 의뢰 I

충북 어느 고등학교에서 강의하고 있었다. 보통 학교에 있는 중
에는 핸드폰을 잘 보지 않는 편이다. 학생들은 학교를 마칠 때까
지 핸드폰을 사용하지 못하게 되어 있는데, 나 또한 학생들과 같은
입장이 되어 본을 보이는 게 좋겠다는 생각 때문이다. 또한 핸드폰
볼 시간에, 학생들에게 다가가 여러 질문도 하고, 요즘 청소년들의
생각과 생활에 대해 탐구하는 시간을 갖는다. 이렇게 짬을 내 학생
들에게 다가가면 '다음 세대'에 관한 공부가 된다.

그런데 이날은 왜 그랬는지 모르겠지만, 무심코 핸드폰을 보게
됐다. 부재중 통화와 문자가 와 있는 게 눈에 띄었다. 쉬는 시간에
잠시 교실 밖에 나가 확인해 보니, 지난 학기에 방문했던 학교 선
생님의 연락이었다.

"안녕하세요 00 고등학교 교사 000입니다. 특강 관련 문의드릴
게 있어 문자 남깁니다"

드디어 학교에서 나에게 직접 연락이 온 순간이다. 그동안 나는 이런 순간이 오기를 기다렸고, 바랐다. 어떤 회사에 소속되어 활동하는 프리랜서로는 장수하기가 쉽지 않기 때문이다. 결국 언젠가는 내 회사를 차려 강사를 파견하는 일로 전환이 필요하다. 그런데 이렇게 빠르게 학교에서 직접 연락이 올 줄은 생각도 못 했다.

문자를 본 순간 심장이 뛰기 시작했다. 너무 설레고 감사하고 감동적이어서가 아니다. 이상하게도 너무 떨리고 '무서운' 생각이 들었다. 처음 있는 일이어서일까. 아니면 부담감일까. 아니면 아직 수면위로 올라오지 않은 내면의 어떤 문제가 있는 걸까. 여러 생각을 하는데 수업 시작을 알리는 종이 울렸다.

나는 다시 mode를 전환하고, 지금 주어진 강의에, 지금 앞에 있는 학생들에게 집중했다. 그날 강의는, 학생들이 직접 검색하고 기록해야 하는 시간이 꽤 많았다. 학생들 주변을 맴돌며 살펴보고 격려도 하고, 코치도 하며 도움을 줬다. 그런데 자꾸 문득문득 쉬는 시간에 확인한 문자가 떠올랐다. 그럴 때마다 가슴이 두근거리고, 두려운 생각이 들었다.

쉬는 시간이 됐다. 나는 다시 교실 밖으로 나왔다. 복도 끝, 시원하게 밖이 보이는 통창으로 향했다. 창문 너머 반듯하면서도 초록빛을 띠는 운동장이 보였고, 그 주변으로 무성한 나무들이 바람에

흔들리고 있었다. 생각에 잠겼다. 나는 무엇이 두려운 걸까. 내게 좋은 일인데, 왜 두려운 걸까.

학교의 기대에 부응하지 못할 것 같은 두려움. 학생들이 실망할 것 같은 두려움. 전문가답지 못한 모습을 보일 것 같은 두려움. 인정받지 못할 것 같은 두려움. 첫 단추를 잘못 끼울 것 같은 두려움. 잘못해 낼 것 같은 두려움. 내 마음에 여러 생각이 뒤엉켜 나를 위협하고 있었다.

차근차근 살펴보니 완벽하고 싶은 마음이 자리 잡고 있음을 보았다. 그래서 완벽하기 어려운 일들을 거부하고, 밀어내고 있었다. 완벽해 보일 수 있는 일만 하고 싶은 모양이었다. 결국, 완벽할 수 있는 일을 해내, 완벽한 내 모습을 사람들이 보고 인정해 주길 바라는 마음이었다.

바벨탑을 쌓던 사람과 다를 바 없는 내 모습.
계시록 하늘 전쟁에서 미가엘과 전쟁을 벌이던 용과 다를 바 없는 내 모습.
정말 바보 같았다.

이렇게 생각이 정리될 무렵. 또다시 수업 시작을 알리는 종이 울렸다. 이전보다 더 수업에 집중할 수 있었다. 수업이 끝나고, 주차장으로 향했다. 두려운 마음이 약간의 설렘으로 바뀌는 게 느껴졌다. 그리고 내게 첫 의뢰를 해준 학교 선생님에게 전화를 걸었다.

"선생님 안녕하세요. 문자 주셨죠. 강의 중이었습니다. 지금 통화 괜찮으세요?"
"네 선생님 안녕하셨죠. 면접 강의 부탁드리려고 연락드렸어요. 0월 00일 괜찮으세요?"
"네 연락 주셔서 감사합니다. 가능합니다."

신기하게도 마침 빈 날짜에 강의 요청을 하셨고, 곧 찾아뵙기로 하며 통화를 마쳤다.

첫 의뢰가 들어와 반가웠다. 그런데 그보다 내 마음에 자리 잡은 완벽해지고자 하는 욕구.
어리석은 그 욕구를 발견하게 되어 반가웠다.

완벽할 수 없어.
완벽하지 않아도 돼.

8. 첫 의뢰 II

강의가 있으면, 강의 장소에 약 40분 일찍 도착한다. 늘 초행길이기 때문에 변수에 대처하기 위해선 일찍 가야 한다. 변수는 다양한데, 고속도로에서 일어난 사고로 교통체증이 심해져 예정 시간보다 늦을 수도 있고, 도착했는데 주차할 곳이 없어서 주변을 헤맬 때도 있다. 그리고 무엇보다 학교 이름이 비슷해 잘못 가는 경우가 있는데 이를 대처하기 위해 일찍 가는 것이 좋다. 청주 중앙중학교랑 충주 중앙중학교, 천안여자상업고와 천안상업고 등의 학교를 주의해야 한다. 그래서 일찍 출발해 일찍 도착하는 것이 좋다.

그렇다면 첫 의뢰를 한 학교는 어땠을까. 더더욱 수많은 변수를 줄이기 위해서 1시간 전에 학교에 도착했다. 첫 단추를 잘 끼우고 싶은 마음. 실수하고 싶지 않은 마음에서였다. 여유 있게 학교에 도착해 잠시 숨을 돌렸다. 시계를 보니 강의 시간까지 약 55분 정도 남았다. 노트북을 열었다. 혹시 빠진 부분은 없는지, 추가로 더 나눠줄 내용은 없는지 꼼꼼히 확인했다. 그리고 다시 시계를 보니 강의까지 30분 남았다.

학교는 내게 면접특강을 원했다. 지난 학기 때 잠깐 면접특강을 했었는데, 결과가 좋았다. 그래서 특별히 정규 수업 시간이 아닌 방과 후 시간에 곧 면접 볼 예정인 학생들을 대상으로 진행하는 강의였다. 부담되는 마음과 약간의 설레는 마음 안고 학교 건물을 향해 걸었다.

늦은 오후, 수많은 학생이 학교 건물에서 빠져나오고 있었다. 집에 갈 생각에 들뜬 목소리와 표정으로 건물 입구는 시끌벅적했다. 강의실에 도착해보니 3명의 학생이 이미 도착해 있었다. 장시간 수업으로 인해 지친 표정이었다. 학생들에게 잠시 눈인사하고 노트북을 열어 TV에 연결하기 시작했다.

강의 준비를 하는 동안 학생들이 모두 모였다. 총 8명. 기특하단 생각이 들었다. 주변 친구들은 학교를 벗어나 집을 향하는데, 추가로 3시간 수업을 듣기 위해 여기 남아있다니. 너무 훌륭한 친구들이다.

성공하는 법은 간단하다. 성공하는 사람들은 남들보다 더 노력하는 사람들이다. 남들보다 더 노력하면 성공한다. 오늘 만난 학생들은 성공할 것 같다. 다른 사람들은 하지 않는 노력. 다른 사람들은 멈출 때 여기 모인 학생들은 더 노력하고 있다.

면접특강은 모의 면접이 중요하다. 물론, 이론적으로 면접이 무엇인지, 어떤 종류의 면접이 있는지, 면접 중에 알아야 할 에티켓 등도 분명히 중요하다. 하지만 더 중요한 것은 면접 경험을 많이 쌓는 것이다. 그래서 면접특강 시에는 학생들이 진짜 면접을 보는 것처럼 환경을 조성하고, 모의 면접을 진행해서, 경험을 쌓게 해주는 게 중요하다.

어떤 학생이 물었다.
"선생님 모의 면접 꼭 봐야 하죠?"
"응. 왜?"
"아니에요."
전교에서 손꼽을 만큼 공부를 잘하는 친구였다. 그런데 이 학생이 유독 긴장하고 있었다. 의아했다. 이 친구는 공부를 잘할 뿐 아니라 자격증도 다른 친구들에 비해 압도적으로 많았고, 출결도 흠이 없고, 태도나 인상이 참 좋은 학생이었다. 그런데 긴장을 하고 있으니, 이상했다. 쉬는 시간에 학생에게 다가가 물었다.

"민수(가명)야 뭐가 걱정이야?"
내 질문에 걱정과 불안이 다시 엄습한 듯, 표정이 바뀌었다.
"저는 말을 잘 못 해요"
"그렇구나, 말을 잘 못 하는 것 말고 또 걱정되는 부분이 있니?"

"말을 잘 못 해서, 저를 안 좋게 볼 것 같아요."

안타까웠다. 물론 면접에서 말을 잘하지 못하는 것이 흠이 될 수는 있다. 하지만, 회사는 말을 잘하는 사람이 필요한 것이 아니라 궁극적으로 일을 잘하는 사람이 필요하다. 구체적으로는 직무에 대한 이해를 한 사람, 책임감을 가진 성실한 사람, 원활하게 협업할 수 있는 인성을 갖춘 사람 등. 말보다 더 중요한 것들이 많다. 그런데 민수는 '말' 하나 때문에 위축되고 자신감을 잃었다.

사람은, 자신이 아흔아홉 가지 장점을 갖고 있어도, 한 가지 단점으로 불안해하고, 두려워한다. 부족한 점, 약점에 집착하면 불행해진다. 공부를 잘하려면, 부족하고 약한 부분에 집중해야 한다. 하지만 사회에서 필요한 인재가 되려면, 잘하는 것에 집중하고, 잘하는 것을 극대화해야 한다.

어느덧 시간이 흘러 면접특강 시간을 마칠 때가 됐다. 민수가 손을 들었다.
"선생님 저 면접 한 번 더 보고 싶어요"
그 말이 어찌나 반가운지, 밝게 웃어 보였다.
"혹시 민수처럼 면접 한 번 더 보고 싶은 사람은 남고, 일정이 있는 사람은 먼저 일어나자"
대부분의 학생은 자리에서 일어났고, 민수와 민수 친구만 남았다.

약 15분, 나는 최선을 다해 민수가 당황할 만한 질문들을 던지며 면접을 진행했다.
민수는 이전보다 한결 좋아졌고, 표정에도 좀 여유가 생겼다.
모의 면접을 마치고 민수와 인사를 나눴다.

"민수야. 너는 지금 다 갖췄어. 면접관들이 티는 안 내겠지만, 모두 너를 좋아할 거야."

교실 창문을 통해 진로 담당 선생님이 이쪽을 보고 계셨다. 시계를 보니 예정보다 30분이나 늦게 끝났다. 얼른 정리하고 진로 선생님과도 인사를 나눴다. 나 때문에 퇴근 시간이 늦어진 게 죄송스러워 급히 인사를 마치고 주차장으로 향했다.

문득 민수 얼굴이 생각났다. 한결 편안해진 민수의 표정. 내 마음도 편안했다.

'앞으로도 걱정하지 마라 민수야. 너 지금 아주 훌륭해'

9. 포기 안 해

인천의 끝자락, 꽤 먼 곳에 강의하러 갔다. 정규수업 마친 후 진행하는 강의여서 해 질 녘 도착했다. 시간이 조금 지나니 학교 주변이 짙은 어둠으로 변했다. 주변이 너무 어두워져서 순간적으로 무서운 생각이 들었다. 내 생각을 읽었는지 한 학생이 말했다.

"여긴 밤길 조심해야 해요. 살인사건 일어나도 모를 동네거든요"
순간 나에게 자동차가 있음에 너무나 감사했다. 이따 집에 갈 때 상향등 켜고, 찬양 크게 틀고 가야겠다고 생각했다. 그럼 나는 괜찮을 거 같은데, 학생들이 걱정됐다.
"그럼, 너희는 어떻게 집에 가?"
"저희는 기숙사 살아요"
학교 건물과 붙어 있는 흰색 건물이 기숙사라고 했다. 동선을 보니 학교에서 기숙사까지 가는 길이 환하고 안전해 보였다.

인천이면 수도권이지만 이렇게 끝자락으로 오니 여느 시골과 다를 바 없어 보였다. 이렇게 외진 곳에 있는 학교 학생들은 보통 순수하고 마음이 곱다. 여기 학생도 마찬가지였다. 강의는 학습코칭 강의였는데, 다른 때보다 더 마음을 쏟게 됐다. 이렇게 외진 곳에 있는 학생들은 비교적 좋은 교육을 받을 기회가 별로 없다. 정보도 부족하다. 그래서 내가 여러 학교, 여러 지역을 다니며 얻은 정보들을 최선 다해 전했다.

시간이 금방 흘러 마칠 때가 됐다. 정말 잘됐으면 해서. 진심으로 응원한다고 말하며 강의를 마쳤다. 학생들은 서둘러 교실을 떠나 기숙사로 향했다. 나는 아쉬운 마음 정리하며 노트북을 챙기고 칠판을 지웠다. 정리를 마칠 때쯤 진로 담당 선생님께서 교실에 찾아오셨다.

"선생님, 무슨 말씀을 하셨나요. 학생이 감동받았다고 하네요?"

감동받았다는 말은 처음 듣는 말이라 흥미로웠다. 학생들에게 어떤 부분이 감동된 걸까. 돌이켜 보니 한 학생이 떠올랐다 "저는 공부 안 할 거예요"라고 말하던 학생. 어쩌면 그 친구가 한 말일지도 모른다.

공부 안 하는 이유가 공부를 못 해서란다. 자신은 머리가 나빠 중학교 때부터 공부에서 손을 뗐다고 했다. 그렇게 3년을 보내고 고등학교를 올라왔다. 오늘 강의를 들으러 온 건 선생님 때문이었

다. 기숙사에 가서 일찍 쉬고 싶었지만, 선생님의 강요에 못 이겨 마지못해, 억지로 앉아 있었다

근데 이 학생 말하는 걸 들어보면 굉장히 논리적이고 똑똑해 보였다. 단지 공부 습관을 들이지 못해서 공부를 못 하는 게 분명했다. 공부하면 잘할 거 같았다. 그래서 나는 강의 내내, 쉬는 시간에도 그 학생을 붙잡았다.

학생은, 내 말을 받아들이다가 또다시 내면 깊숙이 자리 잡은 생각. '나는 안돼'라는 생각이 발목을 잡는 것 같았다. 학생은 '가능'과 '불가능' 사이에 서서 갈팡질팡하고 있었다.
나는 그 학생에게 마치 귀신을 쫓듯 말했다
"너는 너를 포기하고 있구나. 나는 너 절대 포기 안 할 거야. 그러니 너도 너 포기하지 마!"
학생의 입가에 미소가 번졌고, 나는 그 미소에서 희망을 보았다.

학생의 가능성은 환경에 달려있지 않다. 학생의 부모, 학생이 다니는 학교, 학생이 어울리는 친구들, 학생이 다니는 학원 등 학생의 가능성은 이런 환경에 달려 있지 않다. 더 중요한 것은 학생 자신이다. 주변 사람들 모두 학생을 향해 가능하다고 말해도, 학생 자신이 불가능하다고 생각하면, 환경은 모두 헛것이 된다. 반대로 다른 사람들, 모든 환경이 불가능하다고 말해도 학생 자신이 가능

하다고 생각하면, 희망이 있는 것이다. 결국 학생 자신이 자신을 어떻게 생각하느냐가 굉장히 중요하다는 말이다.

이것은 학생들에게만 해당하는 말일까?
이 글을 읽는 여러분도 마찬가지다.
여러분은 여러분에 대해 어떻게 생각하는가.
혹시 여러분도 여러분 자신을 포기하고 있지는 않은가?

우리가 지금 숨 쉬고 있는 건
하나님이 멈추지 않으셨다는 의미다.
그러니 한계 짓지 말아라
포기하지 마라

10. 선생님

처음 강의를 시작하고 한동안 어색하고 민망한 부분이 있었다. 호칭이었다. 강의를 시작할 때 늘 "안녕하세요. 홍순혁 강사입니다." 하고 강조하며 인사하지만, 학생들은 나를 부를 때 "선생님"하고 부른다. 이 호칭이 익숙해지기까지 꽤 긴 시간이 걸렸다. 나는 임용고시 시험을 본 적도 없고, 교원자격증이 있는 것도 아니고, 교직 이수를 한 것도 아니다. 대학교 때 기독교 교육학을 전공했지만, 교육학을 전공했다고 해서 선생 자격이 있는 걸까. 게다가 '기독교'가 붙은 교육학이니, 공교육 현장에서 교육학 전공했다고 말하기가 좀 민망하다.

재밌는 것은, 이렇게 생각하던 나도 어느 날엔가 '선생님'이라는 말이 익숙해졌다. 그리고 어느 날부터인가 시작할 때 강사라고 소개해 놓고, 설명할 때는 "선생님이 생각할 때는" 하면서 스스로를 선생이라 칭하기 시작했다.

천안에 있는 중학교에서 강의하고 있었다. 강의할 때 간혹 담임

선생님이나 교과 선생님이 들어오셔서 학생들과 함께 참여하시는 경우가 있다. 이날 강의에서는 담임선생님이 참여하셨다. 마침, 실습 위주의 수업이었는데 담임선생님께서 도움을 주셔서 수월하게 진행되고 있었다. 담임선생님과 학생들 사이가 좋아 보였다. 즐겁게 대화하며 수업에 참여하고 있었다.

나는 이곳저곳 학생들을 살피며 문제없이 잘 따라오고 있는지 점검하고 있었다. 어느 학생이 진도가 좀 느려 도와주게 됐다. 다른 친구들과 속도를 맞추기 위해 빠르게 만들어주고 있는데 내 뒤쪽 저 멀리서 "선생님"하고 나를 애타게 부르는 소리가 들렸다. 그래서 뒤를 돌며 "응 얼른 갈게요"하고 봤는데, 나를 부른 게 아니고 담임선생님을 불렀던 것이다. 그런데 내가 대답하니, "선생님" 하고 외친 학생이 어쩔 줄 몰라 했다. 나도 당황했고, 담임선생님도 눈치를 보셨다. 나는 얼른 뒤돌아 다른 학생을 도왔다.

수업을 마치고 주차장에 도착했다. 차에 앉아 시동을 켰다. 좀 전에 있었던 일이 생각났다. 어느 날부터인가 '선생님'이란 호칭에 익숙해진 나를 돌아보게 됐다. 나는 '선생님'일까.

나는 목사다. 어느 교회를 가든 예수 믿는 사람을 만나면 나를 목사라 소개한다. 그런데 내가 목사라고 소개하면, 목사가 되는 걸까. 누군가가 나를 목사라 부르면, 나는 목사가 되는 걸까. 나는 노회에서 전도사 고시에 합격해 전도사가 됐고, 총회에서 목사 고시에 합격해 목사가 됐다. 시험에 합격하면 목사가 되는 걸까

아니다. 선생다워야 선생이 되는 것이고, 목사다워야 목사 되는 것이다. 달리 말해, 선생이면 선생답게 살아야 선생이 되는 거고, 목사면 목사답게 살아야 목사가 되는 것이다. 우리 그리스도인도 마찬가지다. 예수 믿는다고 말하면, 예수 믿는 사람이 되는 걸까. 아니다. 예수 믿는 사람답게 생각하고 말하고 행동해야 예수 믿는 사람이 되는 것이다.

다시, 나는 선생일까. 아직은 아닌 것 같다.

되고 싶다. 내가 만나는 학생들, 군인들, 시민들, 소상공인들에게 좋은 선생이 되고 싶다.

11. 어쩌다 대표가 되셨어요?

　천안 어느 중학교에 갔다. 학습코칭 강의였다. 학습코칭 강의는 보통 10명 내외로 모이는데, 이 학교 학생들은 25명쯤 모였다. 진로 부장 선생님께서 적극적으로 이 강의를 추천해서 모였다고 했다. 학생 중 반은 기대감에 찬 표정으로 앉아 있었고, 반은 끌려온 모양새였다. 아직 수업 시작종 치기 전이었기 때문에 나는 분주하게 강의 세팅을 하고 있었고, 진로 부장님 또한 분주하게 학생들을 앞자리에 앉히고 계셨다.

　세팅을 끝내고 나니 학생들은 대부분 앉아 있었고, 진로 부장님은 옆에 서서 나를 기다리고 있었다. 진로 부장님이 나를 교실 밖으로 불러내셨다. "선생님 혹시 명함 있으세요?" 깜짝 놀랐다. 불과 며칠 전 교육 관련 사업자 등록을 냈고, 언제 쓰일지 모를 명함을 만들었기 때문이다. 내 속주머니에는 갓 만들어진 명함이 준비돼 있었다. 명함 지갑에서 깨끗한 명함 하나를 선생님께 건넸다.

　선생님은 명함을 훑어보시더니, 다시 교실로 들어가자고 하셨다. 그리곤 학생들을 주목시켰다. "자 이제 수업을 시작할 거예요. 오늘은 특별한 분을 모셨습니다. 라이프코칭랩의 홍순혁 대표님입니다. 자, 박수!"

진로 부장님의 소개가 끝나자마자 학생들은 격하게 박수치며 환호했다. 라이프코칭랩이 직접 의뢰받아 진행하는 강의는 아니었지만, 학생들에게 대표로 소개되어 진행하는 첫 강의가 된 것이다.

대표라는 소개 덕분인지, 학생들은 3시간 강의 내내 집중을 잘 해줬다. 공부해야 할 이유와, 진로 설정 방법 그리고 실제로 공부하는 방법까지 다양한 강의가 진행됐다. 그리고 마칠 시간이 되어 학생들을 격려하고 응원하며 마무리했다. 학생들은 집에 갈 생각에 기분이 좋은지 경쾌한 움직임으로 자리를 정리했고, 하나둘 교실을 빠져나갔다. 나 또한 기분 좋게 노트북을 정리하고 있었다.

오른쪽 맨 앞자리에서 똘망똘망 내 강의를 집중해서 듣던 여학생이 교실 문밖을 향하지 않고, 내 앞에 섰다. 내게 하고 싶은 말이 있는 것 같은데, 주저하고 있는 눈치였다. 노트북 정리를 멈추고 학생에게 말했다.

"하고 싶은 말이 있으면 자유롭게 해. 괜찮아. 질문이 있니?"

학생은 다짐했다는 듯, 미소를 한번 띠더니 말했다.

"선생님은, 어쩌다 대표가 되셨어요?"

'어쩌다' 대표가 됐냐는 말이 흥미로웠다.

"학생처럼 훌륭한 친구들 많이 만나고 싶어서 대표가 됐답니다."

"저도 선생님처럼 대표가 되고 싶어요."

"학생은 저보다 훨씬 훌륭한 대표가 될 거예요. 응원할게요"

학생은 내 격려와 응원을 한 몸에 받고, 함박웃음을 짓고는 자리를 떠났다.

그래, 나는 어쩌다 대표가 됐을까? 대표가 되기로 한 이유는 간단하다. 그동안 수많은 학생을 만나왔다. 그 학생 중 몇몇은 나와 지속적인 만남을 통해 내 도움을 받고 싶어 했다. 그리고 나 또한 퍼실리테이터로서 그들을 도울 수 있을 것 같았다. 그런데 나의 포지션은 강사다. 일시적 만남을 지향해야 하는 신분이다. 내 역할은 학생 마음에 불을 지피거나, 생각을 전환하는 일만 하면 된다. 지속적인 교육과 돌봄은 학교에 계신 선생님 몫이다. 나도 선생님들처럼 학생들과 장기적인 만남을 갖고 싶어졌다. 학생들에게 지속해서 영향을 끼치고, 더 나아가 혹시 기회가 된다면 복음을 전하고 싶었다. 그러려면 학생들이 나를 찾아올 수 있도록 만들어야 했다. 학교 현장에는 선생님이 계시니, 학교 밖에서 학생들을 만날 수 있도록 회사를 만드는 게 좋겠다고 생각했다. 그래서 사업자등록을 했다.

그렇게 나는

어쩌다

대표가 됐다.

12. 어쩌다 강사

    교회사임을 결정하고, 교회 개척에 대해 준비하고 있었다. 주중에 어떤 일을 하며 생계를 유지할지 고민이었다. 계획하는 것을 좋아하는 성격이라, 탄탄한 계획이 없으면 불안하다. 사임 날짜는 다가오는데, 뚜렷한 직업을 찾지 못하고 있었다. 대학교에서 신학과 기독교 교육학을 전공하고, 대학원에서 목회학을 전공했으니, 학위로는 석사 졸업생이지만, 직업 시장에서 내가 할 수 있는 일은 별로 없었다. 그런데 하나님은 불안한 내 마음을 모른척하시는 것 같았다. 온전히 나(하나님)를 믿고 모험을 떠나라 말씀하셨다.

    스마트스토어 사업을 알게 됐다. 당시 코로나로 전 세계가 멈췄을 때, 사람들은 새로운 도전을 꿈꾸고 있었고, 그 선택지 중 하나가 온라인 쇼핑몰 사업이었다. 교회 개척을 준비하고 있던 나는, 온라인 쇼핑몰 사업이 목회하는 데에 방해되거나 부담이 되지 않을 것 같았다. 또한 사업자금이 거의 들지 않고 도전해 볼 수 있다는 것이 매력적이었다.

교회사임 후 바로 스마트스토어 사업에 몰두하기 시작했다. 최선을 다해 2~3개월을 했는데, 당장 성과가 나오지 않자 불안했다. 퇴직금이 있었기 때문에 몇 달간은 괜찮지만, 그렇다고 해서 마음 놓고 있을 수는 없었다. 열심히 했다. 어떤 날은 새벽까지 연구하다가 컴퓨터 책상 앞에 엎드려 잠들기도 했다. 그때가 4월쯤이었던 걸로 기억한다. 매출은 400~500만 원을 찍고 있었고, 순수익은 70-80만 원에 불과했다. 이걸로는 퇴직금 없이 생활이 어려웠다. 불안했다. 내가 무모한 선택을 한 것 같아 괴로웠다. 그런데 하나님은 달랐다. 하나님은 여유가 넘치셨다. 나만 불안해하는 것 같았다. 하나님은 미동도 하지 않으셨다. 그저, 걱정하지 말라는 말씀뿐이었다. 그러던 어느 날 지인에게 전화가 왔다. 강사 일을 해보지 않겠냐는 제안이었다. 갑작스러웠지만, 길을 찾고 있는 나로서는 하나님의 인도하심이라 여겨졌다. 그렇게 처음 강사 일을 시작하게 됐다.

첫 강사 일은 군인을 대상으로 하는 강의였다. 아직 코로나로 거리두기가 종료되지 않은 시기여서 zoom으로 교육을 진행했다. 교육 내용은 인성 및 리더십 강의였다. 재미있었다. 보람차기도 했다. 수고하고 있는 군인들, 전역 후 삶을 벌써 걱정하는 군인들에게. 기도하는 마음으로 강의했다. 열심히 하는 나를 팀장님이 좋게 봐주셨다. 팀장님은 내가 학교 강의가 어울릴 것 같다며, 어떤 플랫폼을 소개해 주셨다. 그리고 그곳에서 여러 회사를 만났는데, 지금까지 내가 소속되어 활동하고 있는 더아름교육원도 그때 알게 됐다.

돌이켜보면 하나님의 인도하심이 신기하고 놀랍다. 나는 어쩌다 강사가 됐을까. 분명한 것은 내가 계획하거나, 직접 찾아서 이 길로 들어선 것은 아니다. 믿음의 모험을 떠나게 하신 주님께서, 교회 개척하는 데에 어려움 없도록 나를 강사 길로 인도하신 것 같다. 특별히 강사 일은, 다른 일과 다르게, '사람'을 가까이하는 일이다. 그렇기에 다른 일보다 더 내게 의미 있다.

목회는 '사람'에 대한 것이다. 강사 일은 '사람'을 배우게 된다. 강사 일은 내가 목회하기 위해 하나의 수단으로서, 생계를 유지하기 위해 시작했지만, 하나님은 단순히 돈을 위해 이 길로 인도하신 것만은 아닌 것 같다. 강사는 일시적으로 짧게 사람들을 만나지만, 적지 않은 영향을 미치는 직업이다. 내가 하는 말로 누군가는 꿈을 꿀 수도 있고, 또 누군가는 희망을 품게 된다. 그리고 더 나아가 미래를 계획하게 된다. 그러니 조심스럽기도 하지만, 동시에 의미 있는 일이다.

나는 어쩌다 강사가 됐다.
하지만, 분명 하나님의 인도하심이었다.
여기까지 인도하신 하나님이
앞으로의 길도 인도하시겠지

13. 나라도 말해줄걸

　청주의 어느 고등학교에서 독서토론 수업을 하게 됐다. 공부를 잘한다고 알려진 곳이었다. 강사는 셋. 세 주제가 있었다. 하나는 토론하기 좋은 '경영·경제학', 다른 하나도 역시 토론하기 좋은 '생명공학·생물학', 그리고 마지막은 '물리학'이었다. 사실 마음 같아선 토론하기 좋은 경영·경제 분야를 선택하고 싶었지만, 다른 강사님에게 양보하자는 마음으로 기다렸다. 어느 강사님이 경영·경제를 선정하셨다. 그다음으로 토론하기 좋은 것은 '생명공학'이었다. 그런데, 왠지 이 주제도 양보하는 게 좋겠다는 생각이 들었다. 결국, 나는 '물리학'을 주제로 토론을 준비하게 됐다.

　평소 과학에 대한 호기심이 있었고, 새로운 학문을 받아들이는 것에 흥미를 느끼기 때문에, 기대가 됐다. 먼저 책 선정을 했다. 물리학 관련 진출을 꿈꾸는 학생이라면 꼭 읽어야 하는 책 중 하나가 하이젠베르크의 「부분과 전체」라고 했다. 양자역학의 탄생기라고 볼 수도 있는 책이다. 첫 장부터 이해되지 않는 내용이 나오기 시작했다. 무슨 자신감이었을까. 물리학 책으로 고등학생과 토론할 생각을 하다니. 오만했다. 하나님은 이럴 줄 아셨는지 마침 우리 교회에 조언을 구할 성도가 있었다. 내겐 영웅이었다. 성도 덕분에 수월하게 준비했다. 그리고 유튜브에서 자료를 많이 찾았고, 구글 링을 통해 철저히 준비했다. 약 3주 간 양자역학의 세계로 빠져들 었다. 다양한 설명을 듣고 숙고하면서 공부하니까 얼마나 재밌는 지, 왜 나는 이제 양자역학에 관해 관심을 두게 됐을까 싶을 정도 였다. (아마도 여전히 잘 모르기 때문에 할 수 있는 말이겠지)

학생들과 양자역학에 대해 나눌 생각을 하니 설렜다. 기대감에 부풀어 학교에 도착했다. 저녁 시간이었는데, 우리 반에는 12명의 학생이 모였다. 고1 학생과 고2 학생이 모여 있었는데, 초롱초롱한 눈빛과, 자신감 넘치는 태도, 재치 있는 말투 등 훌륭한 친구들이 모였다. 다들, 즐겁게 양자역학에 대한 이야기, 특별히 하이젠베르 크의 책을 중심으로 여러 생각들을 나누고 있었다.

토론수업은 서로가 갖고 있는 생각을 공유하면서, 지식은 깊어 지고, 생각이 확장되면서, 계속해서 지적 호기심을 자극할 수 있는 좋은 시간이다. 다만, 토론 중에 정확하고 바른 이야기를 하는 것 도 중요하지만 무엇보다 서로를 존중하는 태도가 매우 중요하다.

그런데 한 학생이 자꾸 마음에 걸렸다. 자신이 하는 말이 상대에 게 어떤 영향을 미치는지 모르는 것 같았다. 악의는 없어 보이는데, 자신이 옳다고 여기는 것에서 빗나가면, 금방 얼굴과 말에서 드러났다. 학구열도 높고, 실제로 실력도 있어 보였는데, 승부욕 때문인지 거침없이 표현을 했다. 그 학생이 한 마디 할 때마다 다른 학생들은 얼굴을 찌푸렸다.

학생이 하는 말이 누군가에게 무례할 수 있다는 것, 누군가에게 공격적인 말이 될 수 있다는 것을 알려주고 싶었다. 그런데 그 학생이 내 말을 받아들일지 확신이 서지 않았다. 또한 그 학생과 아직 관계 형성이 덜 됐는데, 선을 넘는 것은 아닐지 고민이 됐다. 어떤 행동이나 말에 확신이 서지 않을 때는 하지 않는 게 좋다. 결국 나는, 그 학생에게 아무 말도 하지 못했다. 그리고 토론 수업은 마쳤다.

말해줄걸, 후회된다. 그 친구는 어쩌면 지금도, 자신도 모르게 주변 사람을 불편하게 만들고 있지는 않을까. 누군가가 일찍부터 그 학생에게, 이러한 사실을 알려줬으면 어땠을까. 사랑하는 마음으로, 좋은 관계 안에서 그 친구에게 가르쳐줬으면 어땠을까.

나라도 그 역할을 했으면 어땠을까. 후회된다.

14. 내 책임

"여러분 인생 아무도 책임져 주지 않습니다.
여러분의 부모님도,
여러분의 담임선생님도,
옆에 있는 친구들도.
그 누구도 여러분 인생 책임져 주지 않아요.
그러니 책임 있게 사십시오.
여러분, 인생을 낭비하지 마십시오.
마땅히 해야 할 일을 미루지 마시고,
소중한 여러분 인생을 위해
오늘 하루를 사십시오."

기회가 되면 만나는 학생들에게 꼭 해주는 말이다. 학생들에게는 인생이 하나님의 것이라 말할 수 없으니, 그 말만 빼고, 책임 있게 살자고 외친다.

우리 인생은 하나님 소유다. 내 인생은 하나님의 것이다. 그런데 이 사실이 무책임해도 된다는 의미가 아니다. 우리는 인생이라는 달란트를 하나님으로부터 받았고, 우리는 이 달란트를 두 달란트로, 남겨야 한다. 내 인생은 내 것이 아니며 맡겨진 것이다. 그러니 책임져야 한다. 최선을 다해 책임 있게 살아야 한다.

강의를 다니다 보면, 자신에 대해 무책임한 학생들을 만나게 된다. 어느 고등학교 2학년 학생이었다. 꿈이 무엇이냐 물으니 없다고 답한다. 좋아하는 것도, 잘하는 것도 모른다고 한다. 즐거운 것이 무엇인지, 시간 가는 줄 모르고 하는 일들이 무엇인지, 또한 마음을 설레게 하는 것이 무엇인지 물으니. 딱 하나 있는데 게임이라고 한다. 공부도 하기 싫고, 미래에 대해 준비도 하기 싫단다. 걱정스러운 마음에 물었다.

"학생은 그럼 10년 뒤 어떤 모습으로 살고 싶어요? 20년 뒤에는 어떤 모습이면 좋겠어요?"
"그냥 지금처럼 게임하면서 살고 싶어요."
이렇게 대답하고는 핸드폰 게임에 집중한다.

학생을 단 하루, 몇 마디 말을 통해 이해할 수는 없다. 짐작할 뿐이다. 게임하며 살겠다는 학생. 뭔가 이유가 있겠지만, 너무 안타깝다.

안타까운 마음으로 반 학생들에게 말했다. 자신의 인생을 책임 있게 살자고, 후회 없이 살아보자고 외쳤다. 그러나 내 얘기가 들리는 학생이 있고 그냥 여러 강사 중 한 명으로 나를 보는 학생들도 있다. 내 얘기가 들리는 학생은, 쉬는 시간에 찾아와 질문하고 또 질문한다. 그리고 수업 마치고 헤어질 때 다짐하고, 또 책임 있게 살겠다고 약속도 한다. 그런데 아쉽게도 그렇지 않은 학생들이 더 많다. 놀고 싶고, 쉬고 싶고, 자고 싶어 한다. 생각해 보면, 나도 중·고등학교 때 선생님 말씀이 잘 안 들렸던 것 같다. 그러니 필요한 이야기를 들을 수 있는 것도 은혜인 것 같다.

이 글을 읽는 여러분도 마찬가지다. 여러분의 인생 하나님 것이다. 그런데 하나님께서 우리에게 인생을 맡기셨다. 그러니 우리 인생을 책임 있게 살아야 할 의무가 있다. 주인이신 하나님이 언제 오실지 모른다. 그러니 마땅히 해야 할 일을 미루지 않고, 게으르지 않게, 성실하게 내 인생을 경작해야 한다. 두 달란트를 남기고, 열 달란트를 남기자.

여러분은, 오늘 하루 어떻게 사시겠습니까?

15. 오해

　평택에 있는 어느 특성화고 강의였다. 1학년 학생들 대상으로 기업에 대해 이해를 돕는 강의였다. 강의실 문을 열고 들어가 노트북 세팅을 하며 잠깐잠깐 학생들의 표정과 말투 그리고 행동을 살폈다. 전해야 할 강의는 정해져 있지만, 그 외에 또 어떤 도움을 줄 수 있을까, 학생들에게 어떤 이야기를 전하면 좋을까 생각하며 살피고 있었다.

　아직 1학년이라 그런지, 좋은 기운(?)이 느껴졌다. 이를테면 밝은 표정과 온순한 말투 그리고 내게 다가와 말을 거는 학생들까지. 왠지 느낌이 좋다. 이런 학생들에게는 내 얘기가 잘 들릴 것 같다.

　수업이 시작됐고, 기업에 관해 이야기하면서 동시에, 공부에 관해 이야기했다. 가장 흔히 들을 수 있는 말이면서 동시에 가장 듣기 싫은 말이 공부일 것이다. 오늘날에는 공부뿐 아니라 성공할 수 있는 길은 많다. 하지만 학생들에게 가장 안정적이고 효과가 좋은 것은 공부만 한 것이 없다고 생각한다. 그래서 학생들이 거부감 없이 공부를 받아들일 수 있도록 권면하는 기술이 필요하다. 여러 설득의 과정이 필요한데 이 노하우는 비밀이다. (ㅎㅎ) (궁금하면 저를 불러 주세요.ㅎㅎ)

정말 사랑하는 마음과 축복하는 마음으로 공부가 왜 중요한지 설득하기 시작했다. 그런데 특성화고 학생답지 않게(?) 대부분 학생이 강의에 집중하며 듣고 있었다. 그런데 어느 시점부터인가 맨앞에 앉은 두 학생이 신경 쓰였다. 남학생과 여학생이었는데 자꾸 이상한 제스처를 보인다. 내가 말을 끝낼 때마다 키득키득 웃으며 이상한 제스처를 보였다.

자꾸 신경이 쓰였다. 맨 앞에 앉아 있었고, 조용하게 모두 나에게 집중하고 있는데, 방해하는 것 같았다. 한두 번까지는 참을 수 있었는데 계속해서 이상한 제스처를 보이니, 점점 화가 났다. 맨앞에 앉아서 어떻게 저렇게까지 수업을 방해할 수 있을까. 안타깝기도 하고, 또 내 마음을 몰라주는 것 같아서 서운하기까지 했다.

못 본 채, 모른 채 수업을 계속했다. 공부는 99.999%가 노력임을 주장하면서 학생들을 설득하고 있는데, 표정들을 보니 내 말에 빠져들고 있는 것처럼 보였다. 이제 더 중요한 이야기를 꺼내려는데, 맨 앞에 앉은 두 학생이 갑자기 손을 앞으로 뻗었다가 자신들의 가슴으로 가져오더니 이번에 또 웃었다.

세상에 이게 무슨 상황인가. 잠시 강의를 멈추고 두 학생을 봤다. 두 학생도 나를 쳐다보았다. 이상하게도 전혀 악의가 없어 보였다. 순수하게 그리고 힘 있는 눈으로 나를 보고 있었다. 잠시 그들에게 웃어 보였다. 그들도 나를 향해 밝게 웃어 보였다. 나는 강의를 계속 이어갔고 몇 분 뒤 쉬는 시간을 알리는 종이 울렸다.

학생들에게 다가가 물었다. "도대체 둘이 뭐가 그렇게 재밌어요. 나도 같이 웃고 싶어요. 알려줘요" 연애 얘기를 했거나, 게임 얘기를 했거나 둘 중 하나겠지 생각했다. 그런데 학생들의 대답에 충격을 받았다.

"선생님 수업 마음에 담고 싶어서 끌어안는 시늉 해봤어요."

완벽한 오해였다. 불씨에 물을 끼얹을 뻔했다. 마음속으로 미워했던 학생들이 단숨에 고마운 마음과 미안한 마음 그리고 사랑스러운 학생들로 보였다. 세상에 나처럼 옹졸한 사람이 있을까. 부끄러워 얼굴이 붉게 달아올랐다.

우리는 일상에서도 이와 같은 실수를 하곤 한다.
잠깐 보았는데 전부를 본 듯 생각하고, 판단하고, 오해하고, 믿어버린다.
멈출 줄 모르고 판단하고 오해하는 이 머리를 어떡하면 좋을까.

16. 내가 상담대학원에 진학한 이유

　진천에 있는 고등학교 강의였다. 창의 강의와 동시에 진로 관련한 수업을 하는 시간이었다. 학교 수업을 마치고 야간자율학습 시간을 이용해 진행하는 수업이기 때문에 모인 학생들은 자발적으로 신청해 앉아 있는 학생들이었다. 대입이 얼마 남지 않은 고등학교 2학년 학생임에도 불구하고 14명의 학생이 모였다. 창의 강의뿐 아니라 진로 컨설팅(입시) 받을 생각에 기대감으로 모인 것 같았다.

　이틀간 총 6시간 강의였는데, 창의 강의와 함께 진로 강의하기에 너무나 짧은 시간이었다. 창의 수업을 3~4시간 안에 끝내고 남은 시간 최선을 다해 학생들의 목표대학을 살피고, 고등학생 공부법, 세부능력 특기사항 전략, 대입 합격 사례를 살피며 꼼꼼히 살펴줬다.

　강의를 마칠 때쯤 소감문을 쓰게 했는데, 몇몇 학생이 강의 듣길 잘했다고 써줬다. 저녁 늦은 시간까지 이어지는 강의라 심신이 지쳐 있었는데, 피로가 풀리는 것 같았다.

모든 일정을 마치고 학생들 손에 과자와 음료수를 쥐여주며 인사하고 보내고 있었다. 역사 선생님이 되겠다던 학생, 경찰 공무원이 꿈인 학생, 물리학자가 꿈인 학생, 그리고 경영학을 꿈꾸는 학생 등. 한 명 한 명 마음속으로 축복하며 인사를 건넸다. 마지막 지움 순서인 학생이 과자를 받지 않고 머뭇거리길래 물었다.

"혹시 나한테 하고 싶은 말 있어?"

"선생님 저 고민이 있어요."

수업 내내 조용하던 학생이었는데, 용기를 낸 것 같았다. 과자를 내려놓고, 귀를 세웠다.

"편히 얘기해 준영(가명)아"

"저는 법무사를 꿈꿨는데요. 안 될 것 같아서 다른 꿈을 꾸고 있어요. 근데 다른 것도 어려울 것 같아요."

"준영아. 왜 안 될 것 같아?"

"저는 잘하는 게 하나도 없어요"

이렇게 말하고는, 무기력하게 고개를 푹 숙였다. 어깨가 무거워 보였고, 얼굴은 찡그리고 있었다.

"준영아 누가 그렇게 말한 적 있어?"

"아니요."

"그럼 준영이 스스로 그렇게 생각하는 거구나"

"네 맞아요."

너무 안쓰러운 마음이 들어 등을 쓰다듬어 주었다. 준영이 눈에는 눈물이 고였다.

"준영아, 할 수 있을까, 없을까 고민하기 전에. 하고 싶은지, 정말로 원하는지 생각해 봐. 준영이가 정말로 원한다면, 뭐든지 할 수 있어. 정말로 뭐든지."

준영이 입가에 미소가 보였다가 이내 다시 얼굴빛이 어두워졌다. 자신은 안될 거라는 확신을 갖고 있는 듯했다.

"준영아 나는 매일 수많은 사람을 만나고 있어. 사람을 만나는 일을 10년 넘게 했단다. 나 믿어 준영아. 나 사람 꽤 잘 봐. 준영아. 너 될 거야. 너 할 수 있어."

준영이가 살짝 고개를 들었다. 눈을 마주쳤다. 준영이 눈에 눈물이 맺혀 곧 떨어질 것 같았다. 어깨를 쓰다듬어 주며 걱정하지 말라고 안심시켜 주었다. 그런데 교실밖에 인기척이 느껴져, 복도쪽 창문을 보니, 진로 부장님과 다른 강사님들이 우리 쪽을 보고 있었다. 우리의 대화를 빨리 마치기를 기다리는 것 같았다.

"준영아. 선생님 믿어줘. 준영이 가능해. 준영이 할 수 있어. 걱정하지 마. 마음 편히 해. 잘될 거야. 괜찮아. 준영이 뭐든 할 수 있어. 조급해할 거 없어. 잘될 거야 준영아. 정말 잘될 거야."

준영이는 겨우 눈물을 삼키는 듯했고, 나는 다시 준영이의 등을 쓰다듬어 줬다.

"준영아, 우리 또 볼 날이 있겠지? 우리 다음에 다시 만날 수 있었으면 좋겠다. 꼭 다시 만나자."

준영이는 가야 한다는 것을 눈치챘는지 감사하다고 말하고는, 정성껏 고개 숙여 인사했다.

준영이와 헤어지고, 교실 정리를 마쳤다. 그리고 차에 시동을 켜고 앉았다.

지금처럼 매일매일 다른 학생을 만나는 일회성 만남도 좋지만, 한 명이라도 깊이 있게 영향을 미치고 싶다는 생각이 또 들었다. 상담대학원 지원하길 잘했다는 생각이 들었다.

하나님은 내 삶 통해 어떤 일을 이루실까.
사람 살리는 일에, 쓰임 받고 싶다.
사람들이 좋아하는 금그릇, 은그릇 말고,
주께서 자주 쓰시는 그릇 되고 싶다.

어쩌다 강사

·**초판 1쇄 발행** 2024년 4월 10일

·**지은이** 노창희 홍상원 홍순혁
·**펴낸이** 민상기
·**편집장** 이숙희
·**펴낸곳** 도서출판 드림북
·**인쇄소** 예림인쇄 **제책** 예림바운딩
·**총판** 하늘유통

·**등록번호** 제 65 호 **등록일자** 2002. 11. 25.
·경기도 양주시 광적면 부흥로 847 경기벤처센터 220호
·Tel (031)829-7722, Fax(031)829-7723